小さな会社のデータドリブン経営

はじめの一歩

まず経理のデジタル化からはじめなさい

坂口猛［著］
株式会社ＣＭパートナー代表取締役

ビジネス教育出版社

はじめに

第1章 どんぶり経営からデータドリブン経営へ 19

第3章　データ分析で会社の課題をあぶり出そう　99

第4章　経営計画書で会社の未来を社員と一緒に創る　147

はじめに

◆2ヶ月後に出てくる決算書はただの古新聞

《毎度お馴染みのちり紙交換です。ご家庭で不要になりました古新聞、古雑誌、ボロ切れなどがございましたら交換いたします》

私が子供の頃は、ちり紙交換車がこのようなアナウンスを流しながら家の周りを走り、化粧紙やトイレットペーパーなどと交換してもらっていたものです。

今ではすっかり見なくなりましたが、古新聞や古雑誌がなくなったわけではありません。資源ごみの日にペットボトルなどとまとめて出すようになっただけで、依然として存在はしているわけです。

そして、古新聞は家庭だけで出るものではありません。

企業においても古新聞は出ます。会社で取っている新聞のことではありません。遅れた時期に出てくる「決算書」のことです。

経理マンが集めた書類を税理士事務所へ送り、税理士事務所がデータ入力をして決算書を定期訪問のときに社長のところへ持って行きます。そこまでの期間は1～2ヶ月というところがほとんどではないでしょうか。

企業は日々、動いており、常に経営判断を迫られるのが社長の役割です。そんなリアルタイムで動いている社長にとって、2ヶ月前の自社の経営状態を記した資料は〝古新聞〟と言って差し支えありません。

しかし、多くの中小企業では未だにこの慣習が続いており、わざわざ古新聞を取っているような状況が続いています。

これではタイミングに合わせた経営判断なんてできませんし、資金繰りを検討することもできません。お金が足りないことを周回遅れで気づかされて、慌てて金融機関に相談することになってしまうでしょう。

このような後手後手の会計処理が行われている背景には、会計システムの不備が大きく横たわっているのです。

◆税務のプロとして企業の「外側」と「内側」を知った

申し遅れました、坂口猛《さかぐちたけし》と申します。

私は現在、株式会社ＣＭ《キャッシュマネジメント》パートナーの代表取締役として会社を経営しながら「非常勤経理部長®」の肩書で、中小企業の社長へ経営数値や資金管理の大切さをわかりやすくお伝えしながら、企業を成長させるお手伝いをさせていただいております。

本題に入る前に、少し私のことをお伝えさせてください。

私は商業高校を卒業後、国家公務員（税務職員）として、税務大学校を卒業した後に、横浜の税務署で働き始めました。

税務大学校での期間を含め、都合3年ほど勤めたのですが、その3年間は個人的には非常に考えさせられる日々を送ることになりました。

というのも、税務調査に行った現場では経営者や経理担当者に「すみませんでした」と泣かれることもあったのです。税金を少なく申告したことを反省しているとはいえ、20代の若造だった私の前で親くらいの年齢の経営者が頭を下げ、涙を流すのです。

このような経験を繰り返すうち、私の心の中に変化が現れました。

そして、3年勤めた後に「喜ばれる税務のプロになりたい」と考えるようになり、今度は税務署とは真逆の立場である「調査に立ち会う側」として税務会計事務所（税理士事務所）に転職をしました。

中小企業や個人事業主の決算業務を担当し、税務申告書類の作成・提出や税務調査対応にも従事しました。厳しい先生でしたが、7年ほど勤めた間にかなり税務について学ばせていただきました。

しかし、そこでもまた気づきがありました。

自分が企業を〝外側〟からしか見ていなかったことに気づいたのです。内側である実務＝経理業務をしたことがありませんでした。銀行との交渉もしたことがなく、ただ書類を作って社長に「これで交渉してください」と言うだけ。

これでは足りないと感じました。

そこで今度は、友人が経営する企業に就職させてもらいました。

建設系の会社で、従業員20人くらいの中小企業に役員として入らせてもらったのです。そこで営業、人事、経理、資金繰りなど、会社の管理部門の実務を約5年ほど担当しました。

経理の仕事は小さな会社であれば3～4日で終わります。ですから、私の場合は現場にも出させてもらって、お金を稼いでくる立場も経験させてもらいました。

ただ、そこでまたもやハードルが発生します。

ちょうど日本の建設業が落ち込んだ２０００年前後だったこともあって、会社の売上が激減してしまったのです。資金繰り表を見ることができた私は、表を見ていて自分の給料だけが邪魔になっていることに気づきました。

私がいなければこの会社の資金は回る――そう考えた私は、身を引く気持ちで退職を決意しました。私は他の会社でも経理で食べていけますが、他の従業員はそうはいかないと考えたからです。

◆税務署、税理士事務所、実務、分析の4つの強みを持った非常勤経理部長Ⓡ

その後、私は大手上場企業のグループ会社に転職をしました。

私が入ったのは900社ほどあるグループ企業で、そのグループ内の人事と財務の業務を集めるシェアード会社です。グループ内での異動はありましたが都合約17年間、税務と決算などを担当しました。多いときには50人くらいの部下を持ち、決算業務部長としてグループ企業の決算を支援しました。

そこで気づいたのは、今度は自分が〝税務のことしか〟見ていなかったことでした。私にとって大事なのは税務のプロになることではなく、経営を伸ばすことを意識し、それに伴う分析方法を身につけることでした。


このような考えで日々を過ごし、このまま定年を迎え、定年後は培ったスキルを活かした仕事をして老後を過ごそうと考えていましたが、そんな折、新型コロナウィルスがやってきて日本はコロナ禍になりました。

私が所属していた企業グループ自体はびくともしませんでしたが、それより私が気になったのは中小企業の方々でした。コロナ禍の直撃を受けた中小企業の中には売上が低迷し、利益が失われ、資金繰りにあえぐところが少なくなかったのです。

『日本を支えている中小企業を護るためには、今動かないといけない。幸い、今の職場には私の代わりなんていくらでもいる。でも中小企業ではそうはいかない』

そう考えた私はコロナ禍だった53歳のときに独立し、自分で会社を興しました。そして非常勤経理部長®として中小企業を支援しようと考えたのです。

少し自己紹介が長くなってしまいました。

私が独立し非常勤経理部長®として働こうと考えたのは、中小企業には財務の相談ができないところが決して少なくないからです。

多くの中小企業では経理業務は未だに1．0（紙の時代（後述））か2．0（システム入力の時代（後述））のところばかりで、経理マンは経営に関するアドバイスがなかなかできません。税理士はなかなか実務処理まで手は回りませんし、コンサルタントは実務を理解しないままの机上の空論も多いようで、社長の相談に親身に寄り添うのが難しいのが現状です。

私の強みは税務署と税理士事務所の両方の視点を活かし、小規模企業から大企業までの実務も理解でき、未来の会計をもとに経営のアドバイスもできることです。

4つの強みを持っていることで、大変な事態に陥っている中小企業をお助けできると考えたのです。

会社にとっての経理は、多くのところでブラックボックス化しており、経理マンに任せっきりの社長にとってはどんな情報が新しく、どんな情報が古いのかがわかりません。

そのような状況のところに、実務がわかる自分なら関われると考えました。

さらに「非常勤」としたのは、常勤では支払えないギャランティも非常勤ならスポットで私を活用してもらえると考えたからです。

おかげさまでこれまでにちょっとした相談も含めて100を超える企業や組織で重宝してもらえ、社長のお悩みを解決してこられたと自負しております。

◆クラウド会計導入はデータドリブン経営の第一歩

さて、本書冒頭で企業の会計処理が後手後手になっている背景には会計システムの不備があるとお伝えしました。さらに、多くの中小企業では経理業務は未だに1.0か2.0の時代のところばかりだともお伝えしました。

この2つのことは重なっています。

まず、会計システムについてお伝えしましょう。

私が税務署に入った時代はまさに会計業務1．0の時代でした。通帳や領収書などを見ながら帳簿に手で書き写し、電卓やそろばんを使って手で計算をする。間違いがあれば二重線を引いて訂正印を押す。帳簿や書類はすべて手書きでした。

時代が変わり、1995年11月末にWindows95の日本版リリースによって会計業務2．0の時代が始まりました。新たに会計ソフトが登場し、多くの人がパソコン上で会計処理ができるようになりました。

ただし、その時代でも入力は手作業でしたし、仕訳を1つひとつ選ぶことが必要でした。さらに人の目によるダブルチェック、トリプルチェックも必要になり、効率化自体はできましたが、それでも経理事務にとっては紙の帳簿や書類を取り扱う作業自体は残りました。ソフトウェア自体もパソコン依存でした。

そして現代、会計業務は3．0の時代に入っています。2012年にクラウド会計ソフトが登場し、もはや入力する必要すらなくなってきています。

スマートフォンやクレジットカード、銀行のシステムや給与計算システムなどの各種ＩＴツールやＩＴシステムとの連携で、会計業務は「取り込んで選ぶ時代」になりました。クラウドなのでパソコンでもタブレット端末でも見られます。

ゼロとは言いませんが情報を極力、入力しなくてもよくなっています。

しかし、それでも問題は残っています。

それが導入へのハードルです。大手企業は除きますが、中小企業の多くではクラウド会計の導入が遅れています。理由は本文内でお伝えしますが、平たく言うと今の状態から変えることに対する抵抗感です。

私はこの状況を少しでも変えていきたいと考えています。

なぜなら、クラウド会計を導入することで社長にとって最も重要なデータの１つである「会社のリアルタイムのお金の状況」がスピーディに確認できるようになるからです。

これまでのように税理士に丸投げしているスタイルでは、上がってくる決算書は古新聞で経営判断の早期化としては使い物になりません。

クラウド会計があれば、そのデータが遅くとも翌日には手に入ります。社内のお金に関する情報が数値化されるため、社長がそれを見ることで未来に進むための課題が確実に見えてくるからです。

もちろん、クラウド会計はただの入り口に過ぎません。大事なのはその先のデータ分析と、そこから導き出された課題の抽出、それに優先順位を決めて、課題を解決し、会社のなりたい姿を明確にして、全社一丸となって進んでいくことです。

本書ではそれを「データドリブン経営」と呼ぶことにします。

詳しくは本文内でお伝えしますが、データドリブン経営を行うために最初に必要になるのが元となるデータです。それは新しければ新しい程良いです。古新聞ではダメなのです。クラウド会計の導入がそれを促進してくれます。

本書では、データドリブン経営を行っていくための指南を4つの章に分けてお伝えしていきます。

これを読んだことを機に、あなたの会社でも適切なＤＸ（デジタル・トランスフォーメーション）を行い、会社の会計の問題を解決してもらいたいと思います。

アナログ１００％の現状をデジタル化する。それが最初にやるべきことです。そこからデータドリブン経営への道筋が見えてきます。

本書があなたの会社を飛躍させる一助になれば、これに勝る喜びはありません。

「本書籍化には、髙山芳英様や延對寺哲様、廣田祥吾様をはじめ、たくさんのビジネス教育出版社の方々やその関係者の方々のご支援を頂きました。決して、わたくし一人ではたどり着くことができませんでした。この場をお借り致しまして感謝を申し上げさせて頂きます。本当にありがとうございました。」

第1章

どんぶり経営から データドリブン経営へ

売上至上主義の会社が陥りがちな罠

『昔からの付き合いもあるし、これ以上の値上げは無理なんですよ』

これは先日、私がお会いした社長のセリフです。その社長は取引先との価格を20年間も据え置いてビジネスをしていました。20年の間に材料費や燃料代も上がっています。それでも価格に転嫁させることなく経営を続けていたのです。

理由は「昔からの付き合いだから」でした。

価格を変えずに材料費や燃料代などの経費が増えていたわけですから、当然ながら利益の圧迫が起こっていました。

この社長の場合、会社が倒産するようなことにはなっていませんでしたが、このままの状態を放置すればいずれは赤字になってしまうでしょうし、最悪の場合は倒産してしまうかもしれません。

しかしそれでも、社長は『価格を上げて売上がなくなるよりはマシだから』と仰っていました。


今、このような中小企業経営者が少なくありません。

日本には400万社を超える企業があり、そのうちの99．7％は中小企業以下の規模の組織体だと言われています。そして全従業者の7割は中小企業に勤務しています。

つまり、日本の屋台骨を支えているのは中小企業です。もしも中小企業が衰退すれば日本経済が衰退することにつながりますし、万が一、倒産しようものなら多くの人が職を失うことになってしまいます。

ですから中小企業は売上を伸ばさなければいけません。

ただ「売上を伸ばさないといけない」という考え方が100％正解かというと、そうではない側面もまた存在します。

冒頭の社長のように、売上を確保するために結果的に利益を圧迫したり、赤字になってしまいかねない事態になるからです。

特に創業社長が経営するような中小企業の場合は、かつてのデパートがそう言われたように〝売上至上主義〟に走ってしまいがちです。創業社長の場合は自らが営業マン、自らが技術者で……というケースが多く、必然的に売上に特化してしまう考え方になってしまうケースも多いのです。


結果、どういう原価で、どれだけ利益が残って……という計算を怠り、お金の出入りをあまり把握していない状態で経営をするようになります。

このような数字を意識しない「どんぶり勘定」で経営をしていると、いつまで経っても儲からない（儲けが変わらない）ような状態を継続することになったり、今は良くてもこの先は経営がうまくいかなくなってしまいます。

●営業マンがどんぶり勘定でも経営はうまくいかない

冒頭のケースは、社長が経営に回って、営業を営業マンに任せた場合でも同じようなことが起きます。

営業マンが売上至上主義になって売上だけを追い求めてしまうと、値下げをしてでも売上を確保しようと行動し、結果、利益が残らない、マイナスになってしまうことも起こり得ます。

仮に50万円の商品があるとして、相手から「10%値下げしてよ」と言われたとします。45万円でも売上ゼロよりは遥かにマシだと営業マンは考え、その価格で売ってきたとします。しかし、ここで利益の話が出てきます。仮に利益が10万円だとしたら、10%値引きした結果の利益は5万円です。もしも利益が5万円だったとしたらゼロになってしまいます。

本来、営業マンも数字を意識して「値引きをすると利益がなくなるのでできません」ということを言わなければいけません。

しかし、その意識がない上に、売上ゼロよりはマシだと考える売上至上主義で行動した結果、会社としては損失を招いてしまいかねないのです。

アフターコロナは「どんぶり経営」をやめるべきタイミング

売上至上主義に走り、数字を気にしないどんぶり勘定な経営スタイルを本書では「どんぶり経営」と呼びたいと思います。

新型コロナウイルス感染症の5類感染症移行後――アフターコロナと呼ばれる時代において、どんぶり経営をしている中小企業は、その経営スタイルを改めるべきタイミングに来ていると私は考えます。

というのも、コロナ禍におけるゼロゼロ融資の返済が始まっているからです。

ゼロゼロ融資（コロナ融資）は新型コロナパンデミックの影響で売上が減少した中小企業や個人事業主に対して実質無利子・無担保で融資をする、政府が行った救済措置でした。中小企業庁によると2022年6月末時点での融資実績は国全体で約234万件、総額42兆円と言われており、さらに2023年6月からは多くの企業の返済がスタートしました。そのピークは6〜8月頃までと言われていました。

つまり、ここへきて資金繰りが厳しくなる企業がたくさん発生している、ということです。

ゼロゼロ融資でその場凌ぎができた企業は数多くあるでしょう。しかし、そんな企業でもこの先を生き残れる企業とそうでない企業は2つに分けられます。

1つはゼロゼロ融資を余裕資金として借りていて、実際はほとんど使っていなかった企業です。このようなところは「返せ」と言われたときに返せます。

もう1つはゼロゼロ融資で止血をしてしまった企業です。

通常の融資であれば、その融資を使って投資を行い、事業を拡大・促進させることでその利益をもとに返済を行います。

今後、コロナ関連融資の返済を開始する者は2023年７月以降に集中

- 日本公庫のコロナ融資の返済開始時期のピークは既に到来（2021年6月,2022年6月）。
  （※）政府系のコロナ融資は借換可能。
- 他方、今後、民間ゼロゼロ融資の返済を開始する者の返済開始時期は2023年７月～2024年４月に集中
  （※） 制度開始直後の返済開始のピークは、念のために民間ゼロゼロ融資を借りた者が返済を行ったことが要因と考えられる。

コロナ関連融資の返済開始時期の実績と見通し（2023年3月末時点）

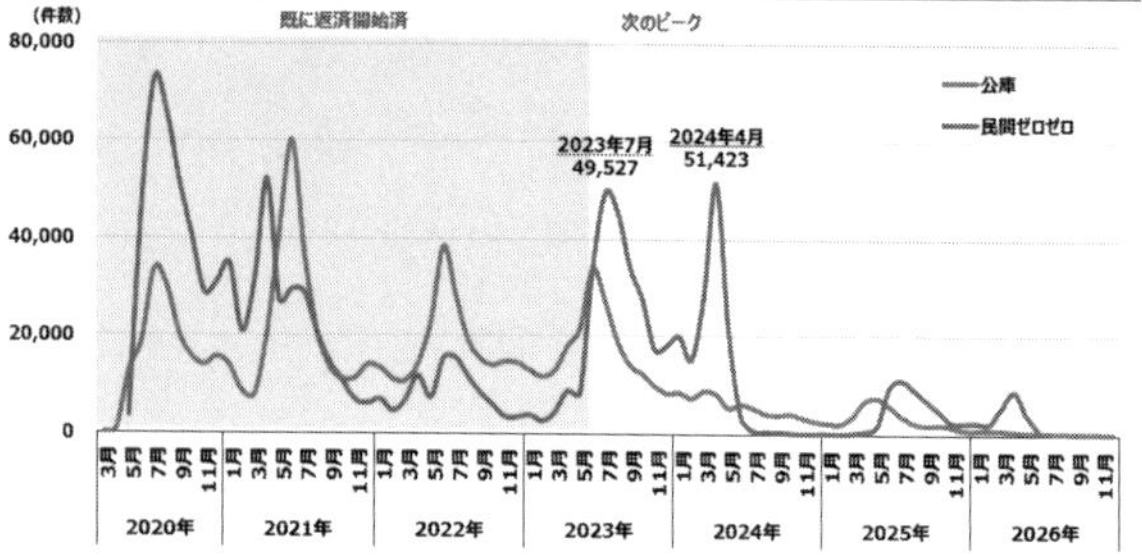

（*1）民間ゼロゼロの数値は、日本政策金融公庫における保険引受件数。すべて、2023年3月末時点の数値。
（出所）日本政策金融公庫提供データより作成。

しかし、ゼロゼロ融資で行われた融資は基本的に〝止血措置〟です。

企業を経営する場合、売上が立たなくても発生する固定費があります。人件費や家賃といったものです。売上が立っていない状態でこれらを補填するために融資を受けていた場合、その返済は将来の利益からせざるを得なくなります。

コロナ禍では売上が立っていなかったわけで、この期間の穴は取り返せません。ですから、未来に稼いだお金で返すしかなくなります。

さらに言えば、ゼロゼロ融資の返済のピークはもう一度来ると言われています。２０２４年４月です。本書執筆時（２０２３年12月）において、私はさらに多くの会社が倒産することになると懸

念しています。

資金繰りの話をするとき、私はよく例え話を使います。

《暗い山道を、車を運転しながらあなたは急いで家に帰っています。そのとき、この先に急カーブがあることがわかっていれば効率よく減速してカーブを曲がることができます。ですが、それを知らないと直前で急カーブに対応しなければいけず非常にリスキーです。》

資金繰りも同じで、この先に何が起きるかを見ておくことが大事です。

そして、そのためには数字がわかっていなければいけません。数字をわかるためには、どんぶり経営をやめるしかありません。

手書きの会計処理ではスピーディに数字を見ることができない

売上至上主義を見直し、どんぶり経営をやめるためには数字を見なければいけない——ここまではもうおわかりかと思います。

しかし、ここでもう1つ足を引っ張るものがあります。

それが会計業務に関する考え方のアップデートです。


経理の世界の話を少しします。「はじめに」でもお伝えしたように、現在、会計業務の世界は「3．0」の時代といって差し支えないパラダイムにシフトしています。

会計業務1．0の時代は手書きの時代でした。今から30年くらい前の話です。帳簿に数字を手書きして、間違えたら二重線を引いて訂正印を押す。当時の会計はすべて手書きで、人が行っていました。

1995年にWindows95が登場すると会計ソフトが登場して会計業務は2．0の時代に入りました。手書きからパソコンになったのです。作業スピードは格段に上がり、これは長く続きましたが、それでも人が入力する必要がありました。さらにパソコンに会計ソフトがインストールされているので、会計を見るためには経理マンが会社に行く必要がありました。

そして時代は変わり、現在は会計業務3．0の時代です。

株式会社マネーフォワードやフリー株式会社という2大クラウド会計ソフト会社が

2012年に設立され、会計ソフトはパソコン内保存からクラウドの時代になりました。各種システムと連携が可能になり、データを入力する必要さえほとんどない時代になっています。さらにパソコンに依存しないため、どこからでも見られます。

この辺りのことは後の章で詳しく解説しますが、そもそもの問題として、会計の世界が世の中的にどんどんアップデートしているにもかかわらず、企業側がそれに追いついていないところが多いのです。

手書きがパソコンになってデータ入力の時代になっても、入力する情報はあくまで税務申告用のデータである仕様が非常に多く、年1回の決算時に数字が固まればいい考え方の会社が非常に多く残っているのです。

この考え方のままでは数字を意識し、分析する発想になりません。

結果、社長の経験と勘で「これくらいだったらこのくらい儲かるだろう」「昔からの付き合いなのでこの値段で売ろう」という経営スタイルになってしまいます。時代の変遷とともに会計ソフト自体は存在していても、数字を入力するだけのツールであって経営分析に使っていないわけです。

ちなみに、大手企業は会計ソフトから導き出されるデータ分析を行っていますが、中小企業の多くはまだアップデートできていません。

税理士や財務コンサルを頼れない社長が多い

会社の数字を経営分析に活用することを考えるとき、思い浮かぶ発想として「それは税理士先生や財務コンサルタント（経営コンサルタント）の仕事じゃないのか？」というものがあると思います。

間違ってはいません。しかし、うまく活用できるかは別の話です。

●なぜ社長と税理士はうまくコミュニケートできないのか？

そもそも、税理士の一番の仕事は「年1回、税金を正しく計算して申告すること」です。1円でも間違えてはいけない世界ですし、ここを揺るぎないものにしなければいけません。

一方で会社の経営は1円ズレていても大きな問題にはなりません。売上がどれだけ上がるかはざっくりした目標です。まずここで社長と税理士の考え方が違います。

次に、税理士には各顧問先の経営にまで踏み込む余裕がありません。

税理士自身も従業員を雇って顧問先から丸投げなどされたデータを入力し、毎月の決算書、年度末の決算書を作成するわけですから、忙しいです。

技術的にできる／できないではなく、忙しくてそこまで手が回らないわけです。そのため顧問先の社長が求めている経営支援や、社長の話を聞くことに時間を割くことができません。

すると、社長側も「税理士に聞いても仕方がない」となってしまいます。最初はお助けしてもらいたい気持ちがあっても、応えてもらえないのでやがて期待しなくなるわけです。

加えて言うなら、社長は宮仕えから抜け出して自分で物事をコントロールしたいから自ら会社を設立しているわけで、基本的には税理士から細かい指摘を受けたくない方たちです。聞いても仕方がないと思いつつ、とはいえあまりゴチャゴチャ言われたくない感情もあって、結果的にギクシャクして、うまく税理士を活用できなくなってしまうのです。

●財務コンサルの無茶ぶりに経理マンが疲弊することもある

次に財務コンサルタントですが、同じ財務コンサルタントである私が言うのもなんですが、彼らの場合は机上の空論が多く、経理マンを疲弊させます。

大手企業の場合、会計業務の分析などを大手監査法人系の会社に依頼するケースも多いです。そのような法人では人材は非常に優秀ですが、その分、1人派遣してもらうだけでも月1000万円くらいの費用がかかることもあります。

売上高が数十億円規模の企業でもないとなかなか頼めません。

すると、もう少し規模の小さな財務コンサルタントを考えると思いますが、当然ながら質は落ちてしまうことも多いようです。

仮にその財務コンサルタントが過去に実務を担当してきたのであればいいですが、そうでない場合は理想論や机上の空論を語ることになってしまい、結果的に経理マンが困ることになってしまいます。

財務コンサルタントだけではなく社長もですが、経理マンはすべてのデータを持っていて、数字を知っていると勘違いしています。

ですから「この数字が欲しい。経理なら持っているだろう」と気軽に言ってしまいます。

しかし、紙に手書きする時代、ソフトに入力するだけの時代でとどまっている場合、そこまで細かく持っていませんし、仮にあったとしても書類の束の中から1枚1枚確認して引っ張り出すことになってしまいます。

結果、経理マンからすれば作業が増えるばかりか、無茶振りに不満がたまってしまうのです。

どんぶり経営からデータドリブン経営にシフトしよう

ここまで、どんぶり経営が引き起こすさまざまな問題をお伝えしてきましたが、ではアフターコロナの時代の中小企業は、どのようにシフトチェンジをしていけば良いのでしょうか？

その答えが、本書でお伝えする「データドリブン経営」への切り替えです。

データドリブン経営とは「お金のデータ、会計データを可視化させることで分析して経営に生かす手法」のことです。

データには「財務データ」と「非財務データ」があります。前者はお金に関わる数字であり、後者はそれ以外の数字です。この2つのデータをかけ合わせ、企業の戦略や意思決定を行っていく必要があります。

そうすることで、将来の会社の進む道が数字に裏付けられた状態で見えてくるようになります。現状の自社の状態を前提に「どこが弱いから伸ばすか」「どこが強いから伸ばすか」という判断材料がデータによって可視化できますので、あとはどう進んで行くかを決定し、PDCAサイクルを回していけるのです。

私はもともと会計の分野の人間ですが、経理を例えるなら、経理の仕事は目に見えないものを数字に表す仕事です。

仕入先やクライアントなどの取引先と契約し、どのような商品・サービスを購入・提供し、その金額がいくらで、お金のやり取りがいつ行われたかといったことを数字の形にして換算します。

会社が行っている企業活動を「お金（数字）」の形で可視化し、共通言語化するのが仕事です。

同じようにデータドリブン経営でも、会社の中のお金がどのようになっているかを明らかにし、判断材料として次の経営につないでいきます。経営計画が見えるわけですが、それによって社長の心の支えになっていきます。

数字を見ることで「これは大丈夫だった」「これはダメだった」という腹落ちの材料に使うことができるわけです。

もしかすると、「それでも、私は数字を見るのが苦手だから」などと思うかもしれません。それは勘違いです。

私がこれまでに何百人もの社長さんたち——特に創業社長と関わってきて感じたのは、彼らは〝数字に弱い〟わけではありません。むしろ数字には強いです。

それにもかかわらずどうして数字が苦手なのかというと、決算書の見方がわからないからです。数字が決算書の形で出てくるので、そこに書かれている小難しい勘定科目の意味がわからず、それが数字への苦手意識へと育っているだけです。

そして、過去の成功事例や勘・経験・度胸（ＫＫＤと呼ばれます）に頼って「経営に数字はいらない」という判断になってしまうのです。

データドリブン経営をすることによって、これまでよりももっと見える形で決算書ができあがります。

数字に強い社長が数字を見られるようになれば、社長は早い判断をできるようになります。データドリブン経営では腹落ちする数字が出てきますので、分析もしやすくなり、勘・経験・度胸に経営数値の裏づけをプラスして売上をもっと伸ばしていけるようになるのです。

実際に私が関わらせていただいている社長さんたちに私の作る決算書（月次推維表）をお見せすると、必ず社長は私が気づかない〝違和感〟に気づきます。「この数字はおかしい」となって、すぐに行動してくれます。

大事なのは数字をわかる形で可視化すること。そしてそのデータを使って次へつなぐこと。データドリブン経営はそれを叶えてくれるのです。

データドリブン経営ならお金以外のことも解決できる

データドリブン経営は会社のお金の問題を解決するための経営術ですが、それ以外にも会社経営で社長の頭を悩ませる事項を解決する糸口として機能してくれます。

●他社と差別化できない（営業力が弱い）問題

同業他社との差別化ができない問題の根本には、どこで会社の売上が立っているかを営業マンがあまり把握していない原因があります。アポイントを取りやすい、担当者が厳しくない、といった理由であまり売上の立たないクライアントで時間を潰すようなことをしてしまいがちなのです。

ですが、データドリブン経営によって数字が可視化できると、実は行っても意味がない取引先や、本当は行ったほうがいい（でも避けていた）取引先が見えてきます。見えてきたら、あとはどこに行けば良いかは自ずとわかります。

結果、営業力を伸ばしていくことができます。

●下請け状態を抜けられない問題

下請けであることが悪いわけではありません。時代とともに変化する適正価格を提示して、きちんと安定して受注できていれば良いと思います。

しかし、実際にはそれが上手くできなかったり、キツい要求ばかりをしてくる元請けを頼らざるを得ない状況にあえいでいることも多いのではないでしょうか？

データドリブン経営で数字が可視化できると、元請けに対して優先順位をつけられます。

数字として明確に出るので、要求がキツいのにそれほど売上が立たないところはむしろ減らして、新しい元請けとなる企業を探す判断ができたり、思い切って自社商品を開発して自社が元請けになる方法を模索するような決断もできるようになります。

●次世代の人材が育っていない問題

営業マンの中には数字が読める営業マンもいます。しかし、そのような優秀な人ほど、どんぶり経営の会社に嫌気が差して辞めてしまいます。

結果、優秀な人がいなくなったり、後続を育てられない状況に陥りがちです。

データドリブン経営を取り入れることで、そもそも数字を意識した営業マンを育てることができますし、マネジメント側も「この数字を改善するためにこのような努力をしてほしい」という明確な指示を出すことができるようになります。

結果、数字に強い組織ができあがります。

社長が求める優秀な経理マンとは何か？

さて、実際にデータドリブン経営を導入していくためにはステップがあります。

それは「①クラウド会計を導入して事務を効率化する」「②抽出したデータをもとに現状を分析して改善すべき優先順位を決める」「③経営計画書を作成して未来の経営を行っていく」です。

そのためには経理の機能を強化していく必要があります。

企業には経理機能が必ずあるはずです。中小企業も例にもれません。

しかし、小さい会社であればあるほど社長の奥さんや母親が経理を担当しているケースが多いです。ただし、そこで行われているのは経営の分析のための数字づくりではなく、単にお金のやり取りをしているだけのところがほとんどです。

お金をもらうために請求書を発行し、請求書が来たら支払処理を行うといったことをしているわけです。

企業規模がもう少し大きくなると、奥さんや母親1人ではできなくなるので、経理マンを雇うようになるでしょう。ですが、それでも実務としてはお金のやり取りがメインのままのようです。

お金のデータが全部集まってくる経理という部署であっても、細かいデータまで集まっているとは限りません。結果、「いくら払わないといけないか」がメインの計算になってしまうわけです。

本来、経理という機能はそれで良いのです。

大手企業であればお金の計算は経理部、お金の管理は財務部、経営の数値を集めるのは経営企画部といったように別々になっています。

しかし、中小企業においてはそうはいきません。なぜなら、社長自身が経理マンに求めるのは「自分が分析したいときに経営するためのデータを出してくれる人」だからです。

つまり、経理マン1人に経理と財務と経営分析ができるデータを出せるゼネラリスト的な人材が必要になってくるわけです。

社内にいなければ外部の専門家を頼ろう

経理もわかっていて、経理事務作業もできて、入出金の違和感に気づいて経営に関わることだけ報告できる――そんな3つの能力を兼ね備えた経理マンを中小企業は育てていかなければいけません。

ただし、必ずしも育てられるかというと、そうではないでしょう。

そういう場合は外部に頼ることも選択肢になってきます。

外部は大きく分けて次の3つです。

・大手監査法人系財務コンサルタント

・税理士事務所や会計士事務所

・中小規模財務コンサルタント

まず大手監査法人とは、上場企業を概ね１００社以上監査し、かつ常勤の監査実施者が１０００人以上いる監査法人のことです。

業界では「有限責任あずさ監査法人（ＫＰＭＧ）」「ＥＹ新日本有限責任監査法人」「有限責任監査法人トーマツ」「ＰｗＣＪａＰａｎ有限責任監査法人」が〝ビッグ４〟と呼ばれています。

ただ、ここは先述の通り費用が高額です。払えるならいいですが、払えない場合は選択肢に挙がることはないでしょう。

次に税理士事務所や会計士事務所ですが、これもすでにお伝えした通り、業務範囲が限定的で経営に踏み込む余裕がないところが多いです。マンパワー的に事務処理が多すぎてスタッフも対応できないので仕方がありません。

また、マンパワーでは回っていても、業務改善に活かす提案ができるところは少ないです。

そこで、外部に頼む際の第3の選択肢として挙がってくるのが「中小規模財務コンサルタント」の存在です。経営コンサルタントでも財務に強い人であれば該当します。

中小規模財務コンサルタントの良いところは、比較的にフットワークが軽いところが多い点です。月1回からリモートでもOKなところも多いです。そもそも財務に詳しいだけでなく、コンサルタントとして提案をしてくれるところも特徴です。

どちらかというと士業は独占業務にあたるのでその側面では強いですが、コンサルタントはそれ以外にも幅広く社長の要望に応える知識や経験、人脈を持っていることが期待できます。

●財務コンサルタントを選ぶときの3つのポイント

ただし、財務コンサルタントは誰でもいいわけではありません。

先に書いたように、理想論や机上の空論で経理マンの不満の種になることもあり得るからです。ですから、運ぶためのポイントを3つお伝えします。

1．社長との相性が良いかどうか

1つめは社長との相性です。

話しやすい、質問しやすい、何となくの雰囲気が合う、気軽に相談できる（そのような体制が整っている）かどうかで判断してください。

かなり曖昧な基準にはなりますが、社長1人ひとりが違う人間ですので、何を基準に「合う／合わない」は一概には言えないのです。

ですから、あなたにとって気軽に相談できるかで考えるのは絶対条件です。「気後れしてなかなか相談できない」は意味がありませんので選ばないでください。

2．経理実務の経験を持っているか

2つめは経理マンとしての実務経験の有無です。

コンサルタントが机上の空論や理想論に走りがちな理由がこれです。実務経験がなく、知識によって相談を受けてしまうため、理想的な提案ばかりをしてしまうわけです。

そうではなく、過去に実務を経験してきているかを判断基準にしてください。資格の有無は関係ありません。「実際に経理マンとして働いて来たかどうか」です。

現場経験がある人はおいそれと「こういうルールだから」とは言いません。あなたの会社の状況を踏まえた上で適切な提案をしてくれます。

3. レスポンスが早いか

3つめはレスポンスの早さです。

これは財務コンサルタントに限った話ではありませんが、基本的にすぐに連絡をくれる（電話に出る、出なくても折り返しが早い）、こちらがした質問に早い回答を返してくれる（レスポンスがいい）、わからない場合はきちんと調べて回答してくれる、といったことです。

連絡の速さは信頼の証でもありますし、わからないことを放置せず調べる情報源や人脈を持っている、あるいはその人脈を紹介してくれるような人を選んでください。

第2章

データドリブン経営の下準備！クラウド会計入門

よくある「中小企業のダメな経理」

これは私の知るある中小企業の経理の実情です。

この企業の経理では、売上請求した入金予定日は概ね把握できているものの、支払う請求書（当月末締めの翌月末日払い）の金額は、発注した事実を事前に把握できておらず、請求書が届かないとまったくわからないような状況でした。また、すべての従業員が毎月、自分の使った経費を個々に計算して精算書をつくり、その月分を翌月上旬までに経理へ持ってきて精算するのですが、こちらも事前にいくらくらいの金額を使用しているかがわからないような状況です。そして、実際の仕訳入力は、税理士に依頼しています。

重要な点は、経理が「必要な資金（支払わなければならないお金）がいくらなのか」を把握できるのは、請求書が届いたり従業員が精算したりしたときであるため、必要な資金を把握してから実際に支払うまでの時間は、非常に短い、という点です。

ですから、経理（財務）の人間はある日いきなり「この日までにこのくらいの額を銀行から借りないとお金が足りない」ということに気づくことになり、社長に突然泣きついてくるのです。

そして社長は言われて初めて慌てだすのです。銀行の担当者を呼んで事情を話し、その度ごとの融資をお願いして現状を凌いでいるのです。先の資金予測もできない会社に金融機関が簡単にお金を貸してくれないことは、簡単に想像できます。

このような中小企業は決して少なくありません。

この事例には複数の問題点があります。

まず、従業員それぞれが精算処理（精算書の作成・計算）のための工数をかけてしまっている、ということです。自分で精算書を作成し、承認してもらい、経理に回す。経理は経理でそれを1つひとつ入力していく。すべてに工数がかかっています。

このような経理の事務作業が個々に独立してしまって連携していない状況では、全体のお金の流れを早めに把握することは厳しいです。

●どんぶり経営では税理士の説明がお経に聞こえる

しかも、問題はこれだけにとどまりません。

先述の事例の企業のように、経理業務が事務作業オンリー（仕訳入力は税理士に依頼）になってしまっていると、社長が経営のために必要な分析用のデータがタイムリーに上がって来なくなります。

これがどんぶり経営を続けざるを得ない原因です。

「きちんと税理士にデータを提供しているじゃないか」と思うかもしれません。

しかし、税理士に依頼したデータが社長の元にやってくるのは1～2ヶ月後です。はっきり言ってしまうと〝古新聞〟を読んで世情をはかろうとしているようなもので、リアルタイムに判断を行わなければいけない経営には役立ちません。

仮に、データが上がってきて税理士が社長に書面の説明をしたとします。

それでも、どんぶり経営をしていたらそもそも経営データの分析を習慣にしていませんから、税理士の言っていることが社長にはよくわかりません。

会計は書面の世界です。本来、決算書には「財産がいくら」「現金がいくら」「借金がいくら」といった内容が書かれているのですが、読みこなせないのです。書面だけを見ても専門用語が多く、簿記の勉強をしていないと理解できません。

それこそ社長にとって税理士の説明は〝お経〟のように聞こえるでしょう。

まず、中小企業にはこのような実情が蔓延していることを理解してください。

そしてあなたの会社の経理がただの事務作業マンになっていないかどうかを確認するところから始めてください。

簿記の勉強は社長がすべきことではありません。むしろ経理マンを強化して、経営分析に必要なデータを持って来られるようにすべきことなのです。

経理業務は「7つの業務」でできている

経営分析に必要な数字やデータを手に入れるために必要なもの、それは経理業務の効率化です。従業員が個々に伝票を書いて経理に渡して、経理マンが個々に入力していくようなものではなく、自動的に会計入力できるようなシステム化をしていく必要があります。

本書ではその方法論についてお伝えしていきますが、その前にそもそも経理業務とはどのようなものかを7つのルートでお伝えします。

「そんなこと知ってるよ、何年経営者をやってると思ってるんだ」と思うかもしれませんが、効率化するためには「何が効率化できるか」ということを知らなければいけませんので、おさらい感覚で読み進めてください。

経理業務は次の7つの業務によって構成されています。

1．売上管理

1つめは「売上管理」です。

営業マンが見積依頼を取ってきて、その依頼に対して見積書を発行します。見積書が通れば契約し、契約後に商品・サービスを提供して、その際には納品書が発行されます。納品物を相手が確認し、ＯＫすれば納品完了（検収済）となり、請求書を発行できます。発行した請求書をもとに入金サイトに拠る入金があります。

一般的なＢtoＢの取引では、このようなことが当たり前に行われていますが、そこにはさまざまな業務が付随しています。各種書類の発行に関しても、いくらの金額を入力するか、どこに何を入力し、どうやって送付するかといった業務の1つひとつに工数がかかるわけです。

さらに、入金されたかの確認も行わないといけません。入金されていれば消込ができますが、そうでない場合は督促を行わなければいけません。

このような、企業が存続するための活動全般を管理するのが売上管理です。

2. 入出金管理

2つめは「入出金管理」です。

1とも重なる部分が出てきますが、実際にお金がいくら入ってきて、いくら出て行っているのかを管理します。企業の運営には現預金が必要なのは言うまでもありません。クレジットカードや家賃の引き落とし、給与の支払いなど、現預金があることで会社を存続させられるからです。

さらに、入ってきたお金と出て行ったお金がそれぞれ「何のお金だったのか」を把握しなければいけません。これにも確認のための工数がかかります。

3．支払請求書管理

3つめは「支払請求書管理」です。

入金に対して企業には必ず何かしらの出金が存在します。材料を加工して販売するなら仕入れ先から材料を入れてもらわなければいけませんので、その支払いが発生します。もしくは、単月であっても加工を外部へ依頼すれば外注費が発生します。

これらは総じて請求書を受け取り、あなたの会社の支払いサイトに合わせて支払いますが、それらの請求書を管理し、きちんと支払うための業務があります。

支払に関しても銀行の窓口へ行くのか、ＡＴＭで行うのか、ネットバンキングで手続するのかはさまざまでしょう。しかし、きちんと請求書に載っている数字について間違いなく支払いを実行できたかどうか、そもそも請求額自体が間違っていないかなど、何度も確認が必要になってきます。

当然、これらには工数がかかります。

さらに言えば、資金繰りの関係で支払うタイミングも考えなければいけません。請求書が来ているからといってその月にすべて払って現預金がなくなれば、それはそれで会社が回らなくなってしまうからです。

もしも支払い額に間違いがあれば信用問題にもかかわりますし、資金繰りを誤れば倒産にもなりかねない、重要な業務です。

4. 立替経費管理

4つめは「立替経費管理」です。

企業からの支払い業務ではありますが、こちらは社外ではなく社内に対して行う支払業務です。

例えば、営業マンが外回りで使った交通費や商談のために使った飲食代、技術者が開発のために購入した書籍や資料代金など内容はさまざまですが、従業員が立て替えたお金を会社は支払ってあげないといけません。

その際に領収書を受け取ったり、立替経費申請用の書類を書いてもらったりするでしょうが、これも1つひとつに工数がかかります。会社の規模が大きければ大きいほど、立て替えをする人が多ければ多いほど作業は増えていきます。

さらに、これを会計システムに入力する経理マンにとっても手間がかかります。物理的に増えていくものなので作業が増大するのを避けることができないと思われています。

5．給与計算

5つめは「給与計算」です。

給与計算は、いつ誰が何時何分に出勤・退勤をしたか、何分間の休憩を取ったか、という勤怠情報の管理から行います。

自動的に計算するシステムがあれば別ですが、そうでない場合は昔のようにタイムカードを集めて、入力・集計して、単価を入れて、明細を作って、袋に入れて渡す作業が発生します。遅刻や早退があった場合も含めて、正確に計算をしないといけません。

中には、給与計算を顧問の社会保険労務士（社労士）に依頼しているところもあるでしょう。ただ、それでもタイムカードの勤怠情報を何らかの形で渡さなければいけません。

タイムカードをまとめて渡して計算してもらうこともちろんできますが、その前には「タイムカード上の情報が正しいか」の確認作業が必要になります。

社労士には間違いがあった際の確認や修正はできませんので、あくまでも渡す側が確認する必要があるのです。当然、その工数はかかります

6．固定資産管理

6つめは「固定資産管理」です。

固定資産は会社が販売を目的とせず利用しているさまざまな資産を指します。企業が長期

間所有している土地や建物、ソフトウェアなどの固定資産を、この業務では適切に管理し内容を正確に把握する一連の作業になります。

すべての固定資産を徹底的に管理するのは大変ですが、減価償却のためには欠かせません。

7. 振替仕訳（決算整理仕訳）

7つめは「振替仕訳」です。

振替仕訳は上記1～6以外について記録するためのものです。期末に行われる決算のための整理仕訳をイメージするとわかりやすいかも知れません。企業活動ではさまざまな取引すべてを日付順で帳簿（仕訳帳）に記載しなければいけません。

●クラウド会計を導入して経理業務を効率化する

1〜7までの会計業務について簡単にお伝えしました。これらの業務を通して決算書ができあがります。

ただ、この中で1〜5については決算に関係なくても、会社が存続するために日常的に行っている業務です。社員に立て替えてもらったものがあれば払ってあげないといけませんし、働いたら給料や賞与を払わなければいけません。

また、6と7に関しては社内でやっているところもあるとは思いますが、多くの場合で税理士にお願いしているでしょう。

ですから、基本的には1〜5までの経理業務を効率化していくことを考えてください。

そして、そのための方法論が「クラウド会計システムの導入」です。

クラウド会計に関しては後述しますが、1〜5の業務を、現在ではクラウド会計と連動させることによってほとんど手がかからないレベルまで効率化させることができます。デジタル化によって業務システムを効率化する場合には鉄則があります。それは「同じ情報を二度以上入力しない」です。これが理想です。

売上の例で言えば、見積書に数字を打ってそれがＯＫなら請求書を発行します。このときに見積書の金額で請求書を作成します。これで同じ数字を２回打ったことになりますね。さらに、その数字を会計システムに「売上○円」と打つと３回目が発生します。

クラウド会計システムを導入すれば、見積書を作った段階で請求書を連動して作成させることができます。さらに請求書を「ＯＫ」とすると、情報が会計情報の仕訳に飛ぶようにできます。

これまで何度も同じ作業をしていたものを、１回で済ませることができるようになるのです。

もちろん、クラウド会計でできることはこれだけではありませんが、まずはこのシステムを導入することによってこれまで個々に行っていた作業を減らすことができ、効率化によって大幅に負担を減らせることを覚えておいてください。

クラウド会計導入で会社に起こっている事象を可視化させられる

Ｗｅｂ記事サイトの「＠ＤＩＭＥ」の２０２３年5月の記事では、20代から40代の家庭で家計簿をつけているのは37．４％だったそうで、そのうちの45．４％が家計簿アプリを使用しているそうです。

会計システムは、言ってみれば会社の家計簿です。いくらお金が入ってきていくら出ていったかの詳細を一覧にすることでお金の出入りを可視化できます。

ただし、家庭と企業で違うのはその規模と言えるでしょう。

企業の中にはさまざまな事象が起こっています。

活動自体を挙げ出すと枚挙にいとまがありませんし、各業態でさまざまだと思いますので割愛しますが、数字によって可視化することは、会社の中で起こっている事象を客観的な共通言語にすることに他なりません。

そして、可視化することによってわかりにくい物事をわかりやすくすることができます。

例えば、領収証を従業員がもらってきたとします。当月にいくら分の領収証（金額）があるかは、すべてを手元に置いて計算機で1つひとつ足していかなければわかりません。しかし、クラウド会計を導入すれば自動集計でき、さらに交際費や交通費などの区分ごとに仕分けることができます。

すると「何にいくら使ったか」がわかります。会計の世界では「お金がどう入ってきて、どう出ていったか」を可視化させる作業が最も重要なのです。

そして、私が提案したいのは「この作業をできるだけ短いサイクルで行いましょう」ということです。年1回の決算や確定申告だけできれば良いという考え方で最後にまとめていては、経営に活かすための可視化はできません。

税金を納めたり決算業務自体はできたとしても、経営に活かせる数字を確認し、データ分析を行うことができないのです。

データ分析ができないと未来を予測することができません。

いくら使ったからまだ使える（投資できる）、これ以上使ってはいけない（お金がショートする）といった会社の未来を判断して行動することができないのです。

これは前章でもお伝えした「暗闇の中を急いで帰宅している状態」と同じです。ライトがついていない状態で夜道を走っていたら、不意に現れた急カーブに対応できなくて崖から転落してしまうのです。

もしも経営でこのようなことが起きれば、あなただけでなく従業員全員が路頭に迷ってしまいます。このような事態を避けるためにも、クラウド会計を導入して会社で起こっている事象をすばやく数字にして可視化しましょう。

クラウド会計システムを導入すべき5つの理由

ではここで、まとめの意味合いを込めて中小企業がクラウド会計システムを導入すべき5

つの理由を説明しましょう。

理由1．効率化で経理マンの工数を減らせる

すでにお伝えした通り、会計業務は3．0の時代に入っています。紙の帳簿でやり取りしていた時代（1．0）からパソコン内の会計ソフトに入力する時代（2．0）になり、さらに手入力さえも不要な時代（3．0）になっています。ここまで時代が進化しデジタル技術による業務効率化が可能なわけですから、導入しない理由がないくらいです。

2つめの理由とも重なってきますが、導入することによってこれまで経理マンが行っていた作業を効率化することができ、結果的に経理マンの手が空くので他の業務——より経営に活きる業務に携わってもらうことが可能になります。

理由2．入力データの品質を向上させられる

後述するクラウド会計の機能で画像とともにお伝えしますが、クラウド会計では手入力ではなくスマートフォンの撮影機能やクレジットカードとの連動でデータを入力することができます。

会計ソフトで手間が省けたとはいっても、結局、入力するのは人の手です。人の手で行われる以上、桁を間違えたり、1を2と打つような何かしらのミスが起こります。

クラウド会計によってそれが少なくなるので、必然的に入力されたデータの品質が向上します。それによって修正業務をカットできるので、さらに効率化できるとも言えるでしょう。

理由3．リアルタイムデータで素早い経営判断ができる

過去の会計ソフトに入力して税理士に決算を丸投げしていた状況では、上がってくるデータは1～2ヶ月後であり、それは古い情報＝古新聞でした。

現状と1ヶ月以上も乖離のあるデータでは正しい経営判断ができません。

しかし、クラウド会計では月次の決算スピードが上がり、早ければ翌月早々には出せるので、社長が異常値を発見するスピードも速くなります。

「今月はお金を使い過ぎた」「払うべきお金を払っていない」「お金があるのでもっと攻めた経営ができる」などの判断ができることで、次に打つべき一手を素早く判断し、機会損失することなく経営を進めて行くことも可能になります。

理由4．データを見たいときにどこからでもすぐに見られる

旧来の会計ソフトでは「ソフトがインストールされているパソコン」で作業をしたり、閲覧をしなければいけませんでした。それによって、コロナ禍でも経理マンはオフィスに行かないといけない状況になっていました。

しかし、クラウド会計を導入することで効率化ができる上に、ＩＤとパスワードがあればどこからでもそのデータを見ることができます。

社長は常に経営のことを考えているものです。ですから、いきなり夜中に「あの数字が気になる！」ということもあるでしょう。これまでは翌日に会社へ行って経理に確認するか、自分でパソコンを叩くしかありませんでしたが、クラウド会計であれば自宅からパソコンやスマートフォン（タブレットも含む）で確認できます。

理由5．セキュリティ面で損失・紛失のリスクが少ない

クラウド会計は特定のパソコンにソフトウェアをインストールするのではなく、「クラウド」と言われるインターネットを経由してサービスを利用するシステムです。要するに、パソコンの中にインストールしなくても使えるわけです。

ですから、セキュリティ面で非常に強いです。

パソコンにインストールする場合であれば、そのパソコンを紛失してしまったり、壊してしまうことでデータの損失リスクがついて回ります。会社のサーバ内にソフトを置いておく考え方もありますが、それよりはクラウドを提供している企業の方がセキュリティ面では強固です。

パソコン、サーバの両方の面から見てもセキュリティでは圧倒的なため、選ばれる大きな理由にもなっています。

クラウド会計システムを嫌がる人が持つ2つの懸念点

私がクラウド会計システムの導入をおすすめしたときに、クライアントの中には懸念を表明する社長も少なからずいらっしゃいます。

そこで「よくあるクラウド会計を嫌がる人が持っている懸念点」もお伝えしておきましょう。それを解消できる理由もお伝えしますので参考にしてください。

懸念点1．セキュリティ面で不安がある

最も多い懸念点は「セキュリティ面で安全ではないのではないか」というものです。はっきり言ってしまうと、これには根拠がありません。〝なんとなく〟なのです。

「ネットでつなぐとデータが流出する（気がする）」「ハッキングされる（気がする）」という漠然としたもので、特にコンピュータの知識が深いわけではなく「よくわからないものだから怖い」という人間が持っていて然るべき感情的な理由です。

その気持ちはとてもよくわかります。

しかし、私からすると会社の中にデータを置いておくほうがよっぽど危険ですし、ハッキングされる危険性は高いです。

そもそもクラウド会計ソフトを提供している会社は銀行と同レベルのセキュリティをシステム内に導入しています。そのくらいの強固さがなければ信用を得られないからです。

これは言い換えるなら「クラウド会計システムのセキュリティを疑うこと＝銀行のセキュリティを疑うこと」とも言えるわけです。

さらに、データのやり取りについてもセキュリティ面では強固です。

クラウド会計の場合、ＩＤとパスワードを渡して閲覧権限を設定しておけば誰がどこからでも必要なデータを見ることができます。

つまり、わざわざメールなどでデータを送ったり、プリントアウトしたものを手渡しする必要がないのです。当然、それによって発生するリスクを回避できます。

特に書類やパソコンを持っての移動には紛失のリスクもあります。紛失することで誰かにそれを見られる流出のリスクもあります。

しかし、クラウド会計であればどこからでも見られるので、これらのリスクをすべてないものにできるのです。

懸念点2．悪用される恐怖心がある

もう1つの懸念点はお金が絡む問題に由来します。

クラウド会計では銀行預金のデータと連動させますので、お金の情報が開示されることになり、このことに「セキュリティ上の問題がある」と考えてしまう人がいるのです。バンキングデータを悪用されたり、勝手に振り込まれて横領されるような、悪用への懸念点です。

しかし、クラウド会計そのものには振込権限がありません。むしろ、それは人の手で行うので、悪用される不安がある場合、問題はもっと別のところにあると言えてしまいます。

さらに、究極的にはクラウド会計に自動的に取り込まれる数字を信用できない人もいます。しかし、これはすでにお伝えしたように人間が手入力する方がよほど信用できません。ミスが発生し得るからです。

通帳とクラウド会計のデータが一致していることはシステムで確認することができるので、人間よりもよほど正確で間違えるリスクが少ないと認識してください。

また、手入力の場合はダブルチェック、トリプルチェックが発生します。当然、工数も増えます。その工数を削減でき、さらに正確で、悪用されるリスクが少ないものと考えていいと思います。

クラウド会計の7つの主な特徴

では、具体的にクラウド会計にはどのような機能がついているのか？

私が利用しているクラウド会計ソフトで代表的なものはMoney Forward《マネーフォワード》とfreee《フリー》ですが、クラウド会計ソフトによって、使い勝手など、好みが分かれると思いますので、お好きなものを選んでもらって構いません。

それよりは、クラウド会計ソフトに備わっている機能と使い方を知っておいてください。

ここでは7つの機能をお伝えします。

機能1．データ入力の手間を軽減するデータ連携（自動取込）機能

この機能は、一般的にうたわれているメインの機能であり、便利機能の1つです。今までは手で打って仕訳を打ち込んでいた預金通帳やネットバンキングの入出金情報、クレジットカードの利用明細を自動で取り寄せてくれます。

さらに、買い物をした際のレシート（領収証）をスマートフォンのカメラ機能で撮影すると、それをそのままシステム内に取り込んでくれます。レジシステムと連動していれば、営業時間内に打ったデータも取り込んでくれるため、閉店後のメでレシートの内容を1つひとつ打ち込む必要がなくなります。

78・79ページの図「マネーフォワードクラウド経費」画面①をご覧ください。これはMoney Forwardの画面をキャプチャーしたものですが、1枚目はPDFの領収証を取り込んだものです。

枠内を見ると「会社名」「日付」「T番号（インボイスの番号）」「経費科目（勘定科目）」「金額（税込）」「消費税額」のところに文字や数字が反映されているのがわかると思います。

その次の80・81ページ画像は先のものを会計画面に取り込んだものです。枠内を見るとPDFで取り込んだデータが自動的に仕訳にまで処理されていることがわかります。

次に82・83ページの「マネーフォワードクラウド経費」画面③をご覧ください。こちらは領収証をスマートフォンで撮影した場合の画像です。枠内を見るとPDFを取り込んだとき

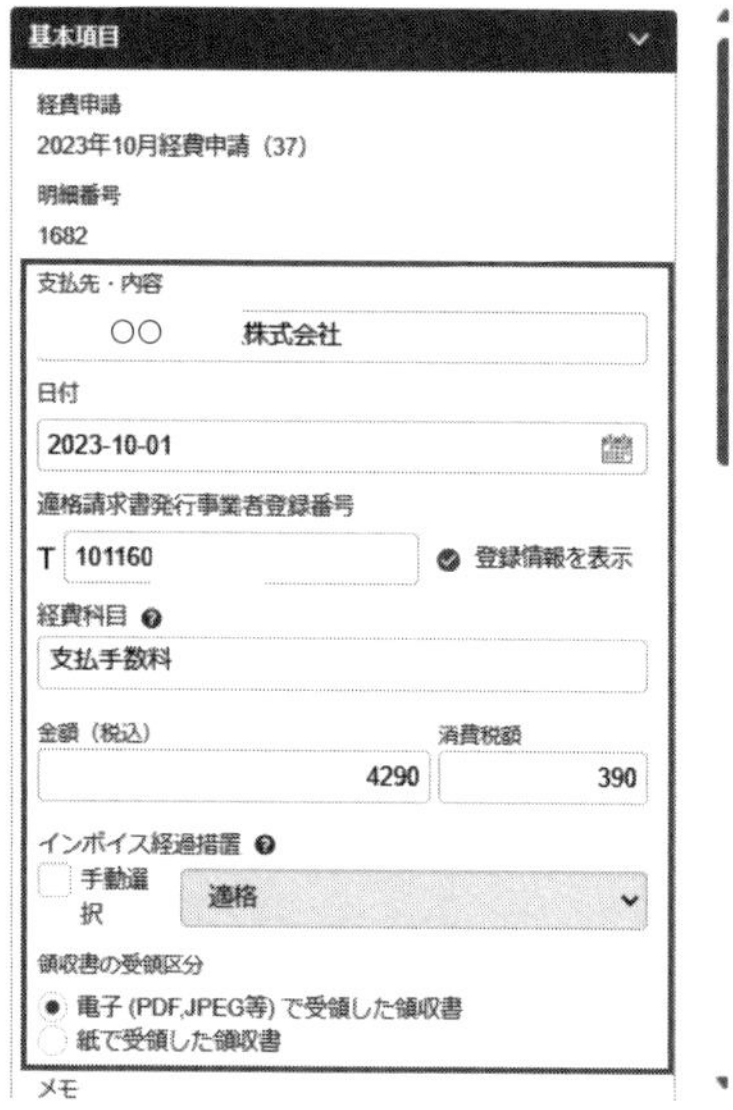

※ 株式会社マネーフォワード　社システムより採用

(2023年11月20日時点)

『マネーフォワードクラウド経費』画面①

※ 株式会社マネーフォワード　社システムより採用

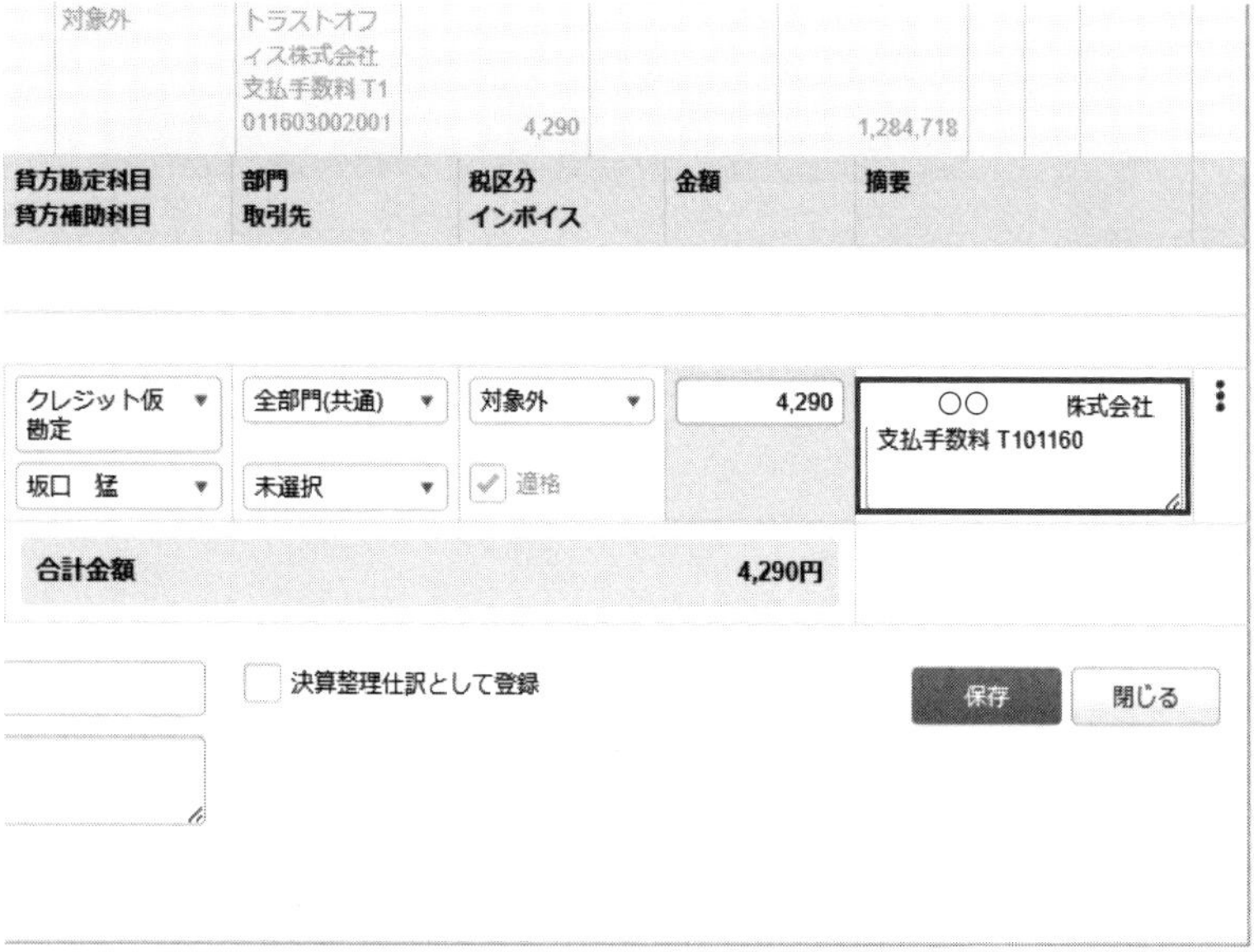

※ 株式会社マネーフォワード　社システムより採用

『マネーフォワードクラウド会計』画面②

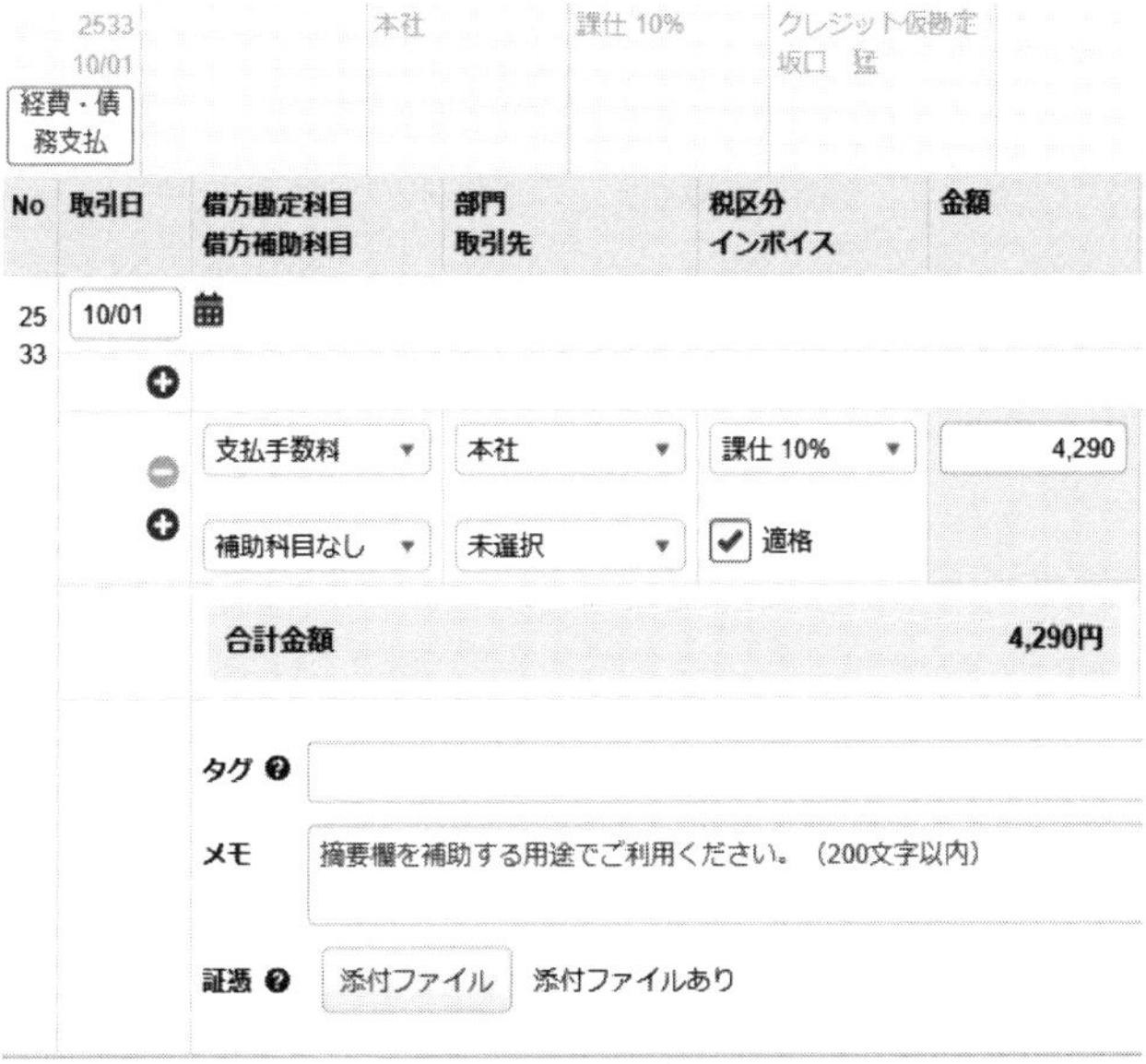

※ 株式会社マネーフォワード　社システムより採用

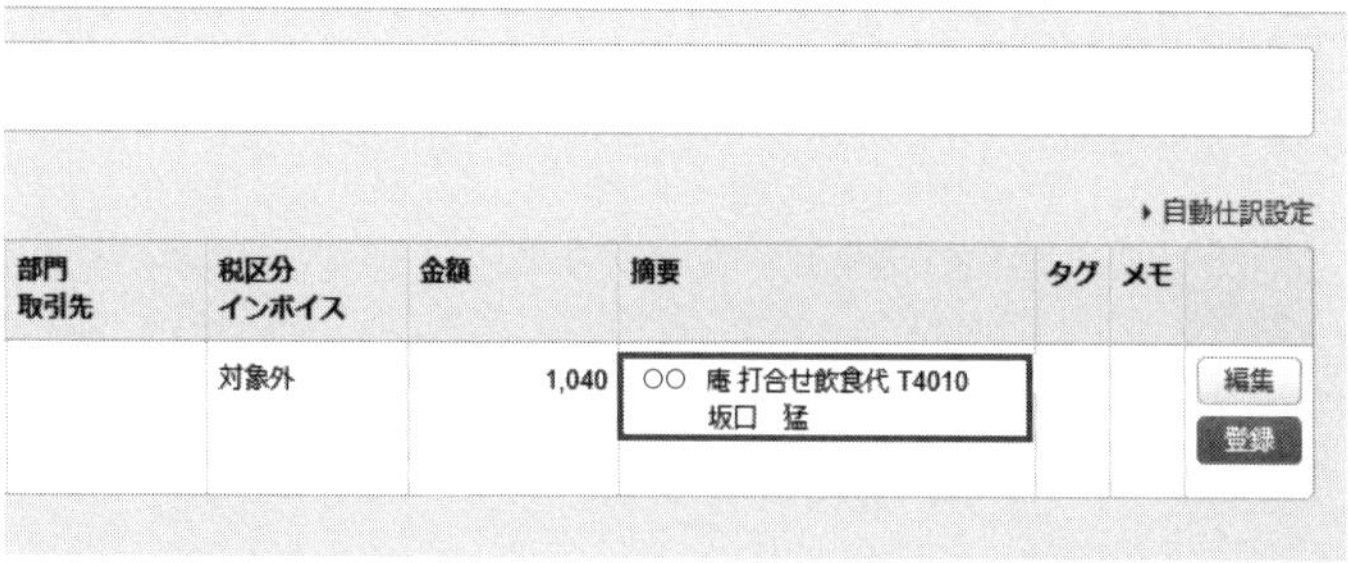

※ 株式会社マネーフォワード　社システムより採用

『マネーフォワードクラウド経費』画面③

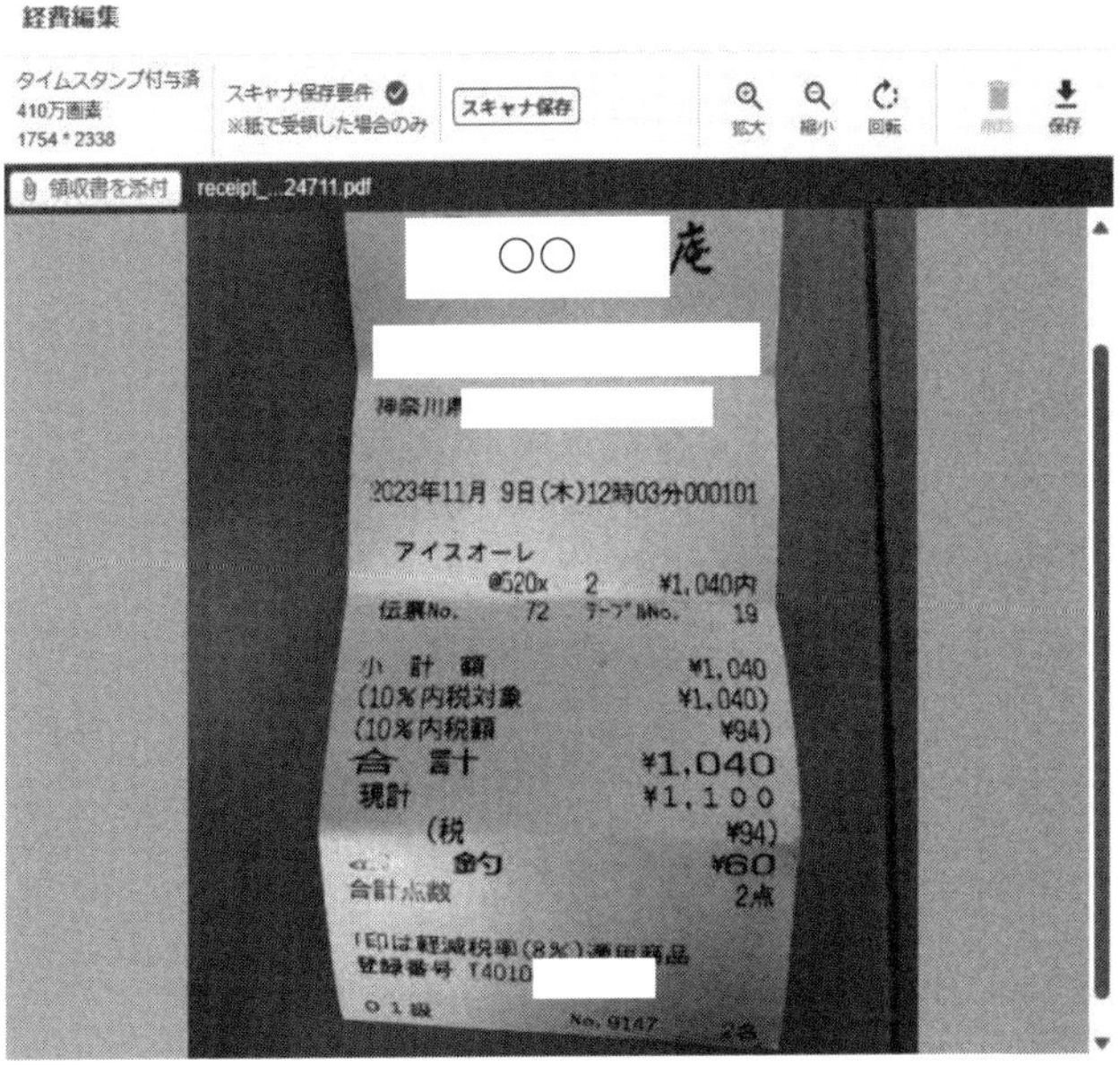

※ 株式会社マネーフォワード 社システムより採用

『マネーフォワードクラウド会計』画面④

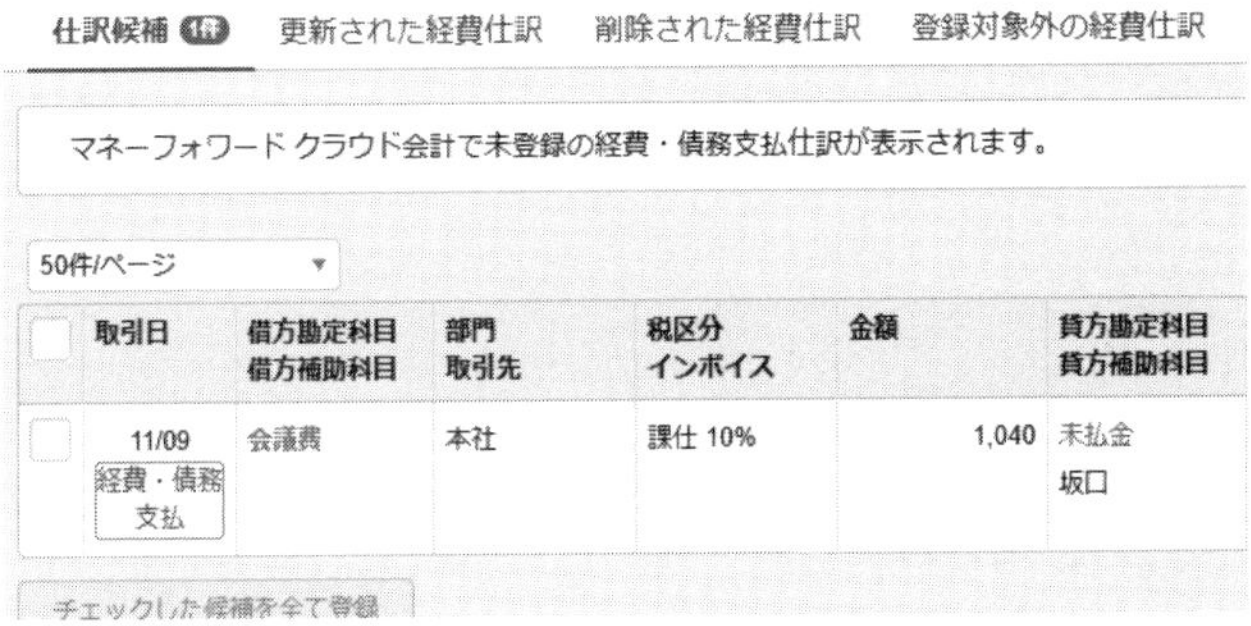

※ 株式会社マネーフォワード　社システムより採用

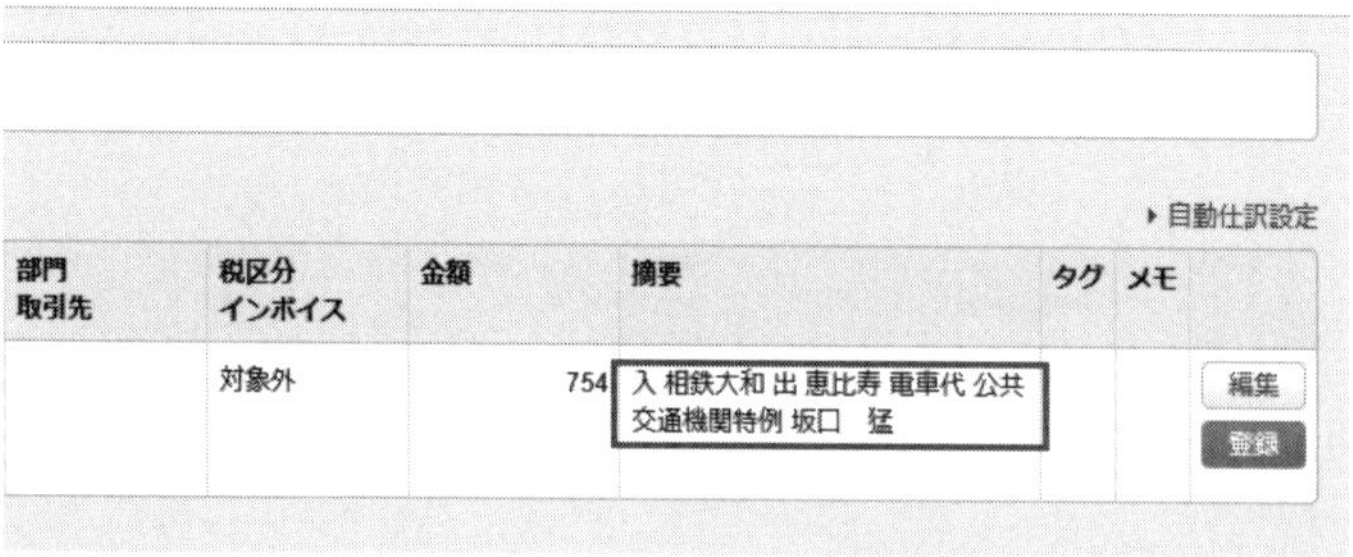

※ 株式会社マネーフォワード　社システムより採用

『マネーフォワードクラウド経費』画面⑤

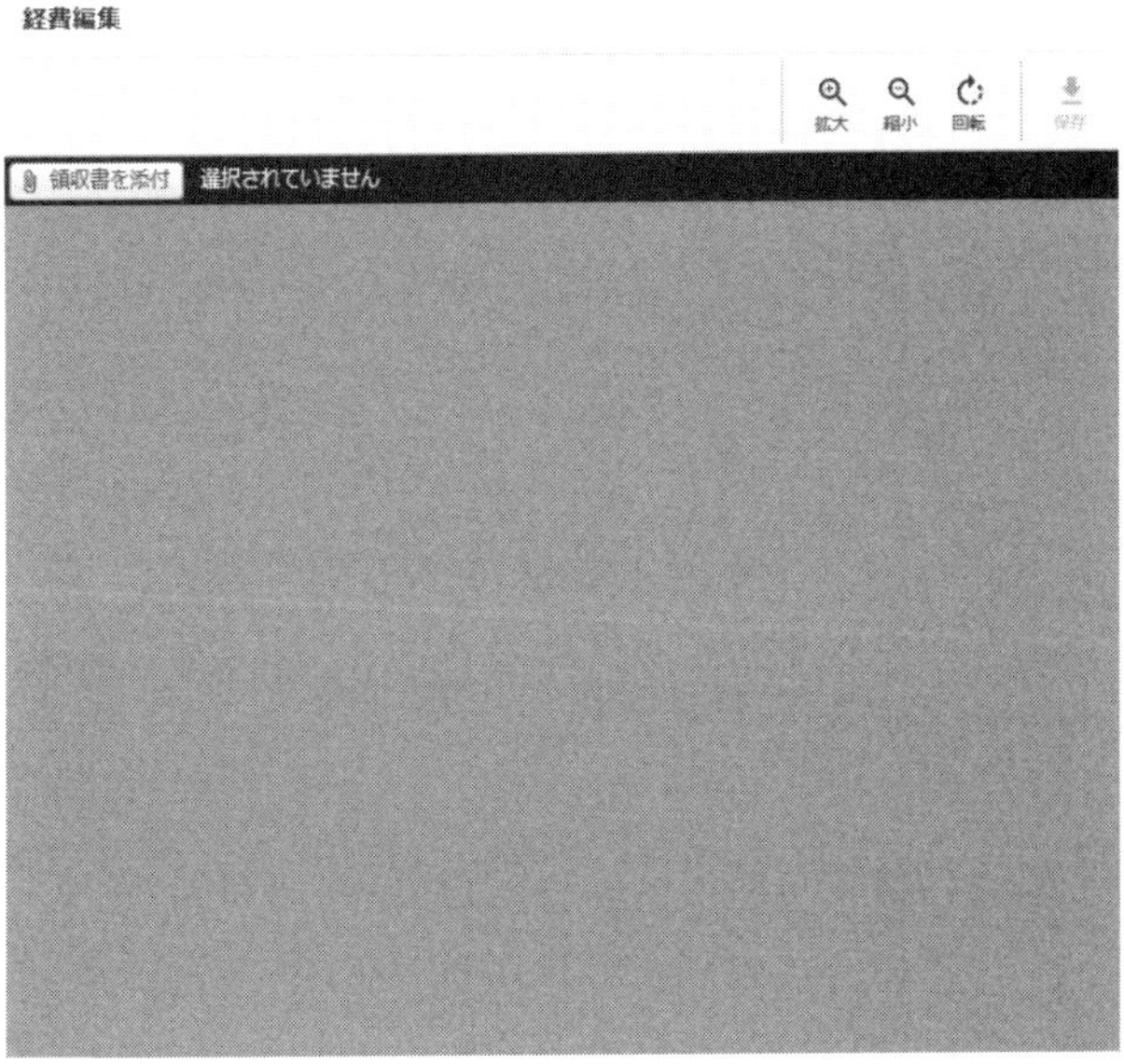

※ 株式会社マネーフォワード　社システムより採用

『マネーフォワードクラウド会計』画面⑥

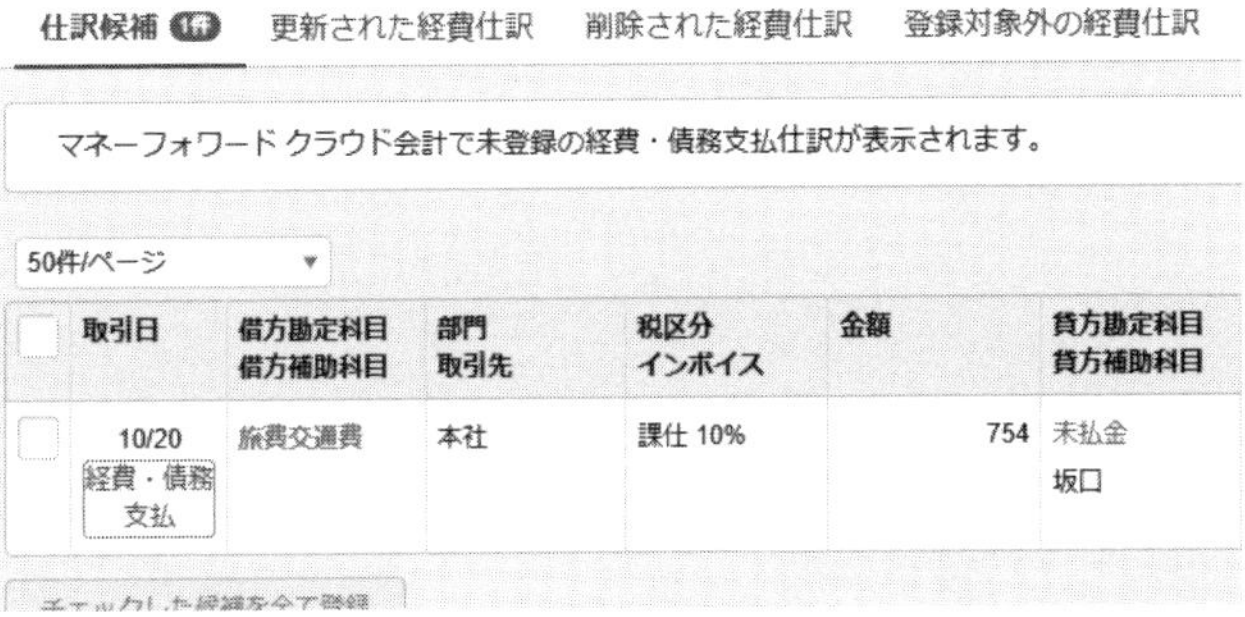

と同様に反映されているのがわかります。その下の画像も同じように自動仕訳された画像です。

さらに85ページの図をご覧ください。これは交通系ＩＣカードを使った際の入力データです。領収証がないようなケースと考えてください。

ここでも枠内を見ると「どの駅に入ったか」「どの駅で出たか」「日付」「経費科目（勘定科目）」「金額（税込）」「消費税額」が反映されているのがわかります。

その下の画像は仕訳された会計データですが、枠の中に「私の名前」も入っており、誰がいつどこでいくら分の交通系ＩＣカードを使ったかがわかるようになっているのです。

この機能を最大限活用してもらうために私がおすすめしているのが、現金での支出を極力抑えて、会社用クレジットカードを営業マンなどに持たせることです。

他にも交通系ＩＣカードを導入することで移動した際の交通費などのデータも自動的に取り込んで仕訳に反映してくれるため、かなり工数を減らすことができます。

機能2．過去に登録した仕訳をＡＩ学習する自動仕訳機能

この機能は1つめの機能とも関連してくるものです。

前項の画像をご覧いただくとわかりますが「経費科目（勘定科目）」という項目がありました。通常、仕訳では入力した金額に対して「これはA社の売掛金です」というような仕訳をしなければいけません。

2つめの機能ではこれをＡＩ学習で学んでくれます。

一度目の選択は必要ですが、それさえしてしまえば過去に選択した勘定科目などを記憶してくれるため、次回に同様の取引が発生した場合は過去に選択した勘定科目を自動提案してくれ、選択する手間を省くことができるのです。

ただし、この機能は自動取込された摘要などの情報をキーに判定されるため、預金データなどにおいて、同じ摘要を取り込んだ場合、うまく処理できないケースもあるので注意が必

要です。

それでも、自動設定の内容を工夫することで、少しでも作業工数の軽減をはかることができます。

機能3．仕訳データをもとにした決算書等の自動作成機能

私が特におすすめする機能が、３つめの決算書類の自動作成機能です。月別推移表などと呼ばれる月ごとの損益計算書や貸借対照表を自動生成してくれます。

預金通帳やクレジットカードのデータを選択して登録しておけば、月別の損益計算が見えるようになり、儲かっているか儲かっていないかの状況を知るために決算書を1から作る必要がなくなります。

この機能自体は従来の会計ソフトにも存在します。

ただ、最近のクラウド会計システムでは、表上の数値をクリックすると、仕訳の明細が表示されるため、非常に便利です。

私は自分のクライアント企業に対しては、時間があればこの機能を使って常に数値の推移を見て欲しいとお願いしています。

社長や経理担当者がこの表を見ると、必ずと言っていいほど〝異常値〟に気づくからです。「この支出は何だっけ？」「ここの売上は少なすぎないか？」「なんでこんなに利益や預金が少ないんだ？」など異常値を素早く察知することで、その対策も早くできるようになるのです。

機能4．データと証憑を一緒に確認できる仕訳添付機能

経理業務ではデータが入ると1つずつ仕訳処理を行いますが、その際に「この数字の証

拠」となる証憑《しょうひょう》を添付（保存）する必要があります。

これまでパソコン内に保存している仕訳データを確認する際には、紙やPDFで別途保存してある証憑を探し出してきて1つずつ突き合わせる作業が必要でした。当然、手間と工数がかかってしまっていました。

ところが仕訳添付機能によって、仕訳データと証憑を一度に見られるようになりました。添付機能により、クラウド会計ソフト内で仕訳を確認する際に、一緒に保存している領収書などの証憑（写真データ）を確認することができるため、非常に便利になっています。

さらに、この機能はインボイス証憑や電子帳簿保存法にも対応しているケースも多いです。「いつでも見られる」「インボイスの証憑として保存できる」「電子帳簿保存法にも対応している」で一石三鳥です。

さらに、私はこれまでクライアント企業との書類の授受を紙や郵送でしていましたが、この機能を活用することでそれが不要になったため「書類の授受が必要ない」を含めて一石四鳥の機能だと思っています。

機能5．いつでも誰でも同じデータを共有できるクラウド機能

クラウド会計ソフトが「クラウド」であるため、いつでもどこでも誰でも見られることについてはすでにお伝えしました。

ただし、いつでもどこでも誰でも見られる場合に、気をつけなければいけないのが「閲覧権限」についてです。

会計ソフトでは誰がどこの範囲まで見られるか＝閲覧権限を最初に設定できます。このときにポイントとなるのは「誰に見せたいか」です。「この人にはどこまで見せてあげたほうがいいか」については読者それぞれの環境で異なると思いますので、ここは検討して決めてください。

ただ、私が考える基本としては社長、税理士、経理責任者（経理課長など）は広い権限が必要だと思われます。他にも会社の財務状況を詳細に知っておかないといけなかったり、問

われて瞬時に回答しなければいけないような人がいれば権限を渡すようにしてあげてください。

さらにクラウド機能で付け加えるなら、ヴァージョン・アップが不要です。これまでのインストール型では新しい機能が出たらヴァージョン・アップのためのインストールが必要でした（今のスマホアプリのようなものです）。しかしクラウドであればその管理が不要となり、常に最新版を共有することができます。

機能6．請求書発行などの会計以外の業務との連携機能

会社のお金の業務は「会計業務（仕訳を入れる、決算書を作る業務）」とそれ以外の関連業務に分けられます。

現在、比較的規模の大きい企業では請求書発行や支払立替精算処理、給与計算などの〝会

計以外の業務〟はそれぞれ独立したシステムを導入しているケースも多いと思います。
そして、その独立したシステムは会社によってバラバラでしょう。

しかし、クラウド会計ソフトはそれら独立した関連システムとのＡＰＩ連携（自動連係）が強化されています。

ですから、あなたの会社の関連システムを刷新せずともクラウド会計システムを導入し、連携によって効率化していける可能性が高いのです。

もちろん、関連システムによってはできないこともあるので、その辺りも踏まえた上でクラウド会計システムの選択を行ってください。

ただし、自動連係できないからといって方法がないわけではありません。

ＣＳＶ機能を活用することで、手入力を行わない方法を模索することはできます。ＣＳＶ形式であれば表計算ソフトの状態で見られるので、あなたの会社の実務状況に合わせて検討してみてください。

機能7．新たに始まった制度「インボイス制度」への対応機能

２０２３年10月より新たにインボイス制度がスタートし、企業はインボイスの要件に従った領収書や請求書でないと仕入税額控除ができずに、消費税負担が増えるようになってしまいました。

インボイスではT番号と言われる「適格請求書発行事業者登録番号」を記載しなければいけませんが、クラウド会計はこの点を解決してくれます。

仕入税額控除の計算をするために必要となる適格請求書発行事業者登録番号の記載や、国税庁への登録状況の確認、記載されている税率の読み込みなど、便利な機能が付与されており、領収証や請求書に「T番号が載っているか」や「税率」をシステムが読んでくれるのです。

さらに私がおすすめしたいのは、仕入税額控除のもう１つの条件である「帳簿記載要件」

の効率化についてです。

仕訳入力に経費精算システムなどを活用して、クラウド会計への仕訳自動登録設定を行うことで、作業工数の削減を実現できます。

帳簿記載要件には「日付」「相手先」「内容（何を買ったか）」「金額」を記載しなければいけません（これはインボイス導入前から決められていることです）。

ですから帳簿にも記載しないといけないのですが、今はあまり意識されていないのが現状のようです。ぜひ、これを機に検討してみてください。

クラウド会計ソフトには、読み込み機能に追加して自動的に「帳簿の摘要＝どんなものを買いました」を載せるところがあり、これに連動させる設定ができるソフトも存在します。

仕入税額控除をするためにはクレジットカードの明細とは別に領収証を取って帳簿に載せないといけません。カメラで撮ると自動的に読み取ってくれますが〝私ならでは〟のお伝えできるテクニックとして、クラウド会計ソフト内で設定を行うことで経費精算システムの活用などにより、クレジットカードを利用した際の領収書などの管理ができるようになります。

●クラウド会計ソフトで数字に対する意識を持とう

本章では主にクラウド会計についてお伝えしてきましたが、このシステムを導入することでまず経理業務の効率化を行ってもらいたいです。

その上で、会社のリアルタイムの数字を手に入れられるようになってください。数字を手にすることで物事を判断する〝軸〟を手に入れることができます。クラウド会計で手に入れた数字は、会社の状態を分析するためのデータです。データを手に入れることによって、人は何かの判断をすることができるようになるのです。

誰しも、物事を判断するときは「比較」を行います。過去の経験、人から言われた情報、過去の金額などを参考に物事の良し悪しを判断しています。

会社の状態も同じで、何かと比較して良し悪しを判断します。大体は去年の数字や全盛期の数字と比較したりします。

ですから、比較する材料を持った瞬間、社員や社長の行動は変わるのです。

クラウド会計によって数字が見えるようになると、社長であれば必ず何かしらの違和感に気づきます。「あれ、思ったより数字が小さい（少ない）」「どうしてこんなところでこんな数字が出るんだ？」となります。

社長にとっては、この違和感が大事なのです。

ですから、数字で可視化させることは非常に大事で、それを手間なくやってくれるのがクラウド会計です。数字のデータをいち早く社長にお届けすることがクラウド会計の使い方だと私は思っています。

数字に気づいたら、そのままでいいのか変えるべきなのかを特定し、それが解決の糸口になりますので、まずは数字を可視化するところから始めてみてください。

第3章

データ分析で会社の課題をあぶり出そう

データは持っているだけでは意味がない

前章まで「クラウド会計を使って会社で起きている事象を数字の形で手に入れる話」をしてきました。本章からはいよいよデータドリブン経営についての話をしていきます。

ただし、話に入る前にまず知っておいていただきたいのは「データは持っているだけでは意味がない」ということです。

よくあるケースとして「データがあればデータ分析で何かすごいことができる」と考えて社内のデジタル化（ＤＸ）を進めようとする人がいます。

しかし、データはあくまでも雑多なものであって、それ単体はただの数字や情報に過ぎません。クラウド会計でも同じで、わかるのは、あくまでも仕訳された会社のお金の出入りのデータです。

そこから異常値を発見し、仮説を立てて、仮説をもとにデータを拾いに行って、足りないデータがあれば自分で作ったり取りに行って初めてデータ分析ができます。

このプロセスを吹っ飛ばして「何とかなる」と思っている人が少なくありません。しかし、それではデータドリブン経営とは言えないのです。

●会計データ以外の関連データも必要

さらに、分析のためには会計データ以外の関連データも必要になってきます。

例えば、私のクライアントの運送業の会社では、所有している車両Aのガソリン代が上がっていました。そこで、それだけガソリン代をかけてでも利益が出ているかを知りたいと考えました。

そもそも、トラック1台当たりの利益を知るためには「運転手の人件費」がわからないといけません。さらにトラックごとの「ガソリン代」を把握しないといけません。

トラックごとのガソリン代を知るためには、個々の車両それぞれにガソリン給油用のクレジットカードを個別に持っていると便利です。(混ざってしまうとどれが車両Aのものかわからないためです)。

このクライアントの場合は個別にドライバーがクレジットカードを持っていたため、車両Aの利益状況を分析することができました。

このように、データはただ持っているだけでは意味がないだけではなく、分析したい項目の関連データを会計データとは別に取っておく必要があります。

「何を分析したいのか?」の目的意識が大事になってくるのです。

●関連データは各部署の現場から取ってくる

会計データ以外の関連データも必要だということをお伝えしました。しかし、現場で起こっていることを理解していないとデータも取れませんし、取れてもトンチンカンなデータになってしまいます。

現場の活動には経理の数値に現れないことも多々あります。外回り営業の件数、機械の稼働率、トラックの走行距離、来店客数のようなものは経理のところでは出てきません。個々の部署で管理されているでしょう。

こういった各部署の関連データと経理の会計データを融合させることによって、データ分析は変わっていきます。

例えば、営業部のデータ「今日は何社に営業をかけたか」は営業部に行って取ってこないといけません。機械の稼働率も「24時間稼働しているのか」や「何個の商品が搬出されているか」もその部署に行かなければわかりません。

こういった「現場が何をやっているか」を知る必要があり、そのためには各部署まで行ってデータを取ってくる必要があります。つまり、これは「現場の目線が必要になる」ということです。

会計データから導き出される「お金の流れ」を全社で理解する

クラウド会計で会計データをリアルタイムで知れるようになると、売上や経費、人件費、残った利益などの各種の数字が見えるようになります。

この数字データを使って分析を行っていくのですが、可視化された数字データについては、可能な範囲で共有することも必要です。

会計データをそのまま開示すると「誰にいくらの給料を払ったか」まで見えてしまいますので、伝えるべきは「お金の流れ」です。

お金の流れとは「現預金の流れ」です。大切なことは利益がでても全て手元に残るわけではないという点です。

売上を立て、そこから材料費や販管費などの経費を差し引くと利益が残ります。

例えば、売上が１００で経費が70だとすれば利益が30です。しかし、30がそのまま現預金として残るかというと、そうではないことはおわかりだと思います。30の中から融資の返済があったり、税金を納めたりして、最終的な10が現預金として残るというイメージです。

このとき、30の利益が出たからといってそれを社員に還元したり、そのまま次の投資に回すなど、経費を増やしたりすると会社は赤字になり得ます。赤字で借金を返すとなると、会社の経営は火の車になります。

このような「お金の流れ」を理解しておくことは大切なのです。

「利益は社長の懐に入る」と勘違いしている社員は多いようです。

ですので、社長や経営幹部、課長以上の人は当然として、現場の担当者も理解できるようにしていただきたいのです。

最終的には全社で理解したほうがいいですが、まずは現場担当者です。

例えば、営業が先の例のお金の流れを理解していないと、下手な値引きをしてしまいかねません。１００を90に値引きして販売すると、最終的な現預金は０になってしまいます。

●「勘定合って銭足らず」状態にならないために

商売の世界には「勘定合って銭足らず」という言葉があります。

計算上の収入と支出が合っているのに手元の現金が不足している状態のことですが、どんぶり経営をしていたり、会計データを活用して会社のお金の流れを全社で把握していないとよく起こりがちです。

釈迦に説法で恐縮ですが、会社は赤字では倒産しません。

会社が倒産するのはお金＝現預金がなくなったときです。1億円の赤字でも資産家でお金があれば会社は潰れませんし、利益が出ていても（黒字でも）現預金がないと潰れてしまいます。

大事なのは利益よりも現預金です。

ただ、それを社長だけがわかっていても意味がありませんし、幹部が理解した上で現場をマネジメントするだけでも足りません。

経営幹部がお金の流れを理解し、「最終的にいくらの現預金が残るか」を把握して毎月の現預金の残高が減って行かないように見ておくことが必要です。

社長、経営幹部、経理部長、各課の課長以上、現場の担当者がこういったことを把握した上で、部下に指示を出せるようにしないといけません。

もちろん、お金の流れのことを具体的に誰にまで知らせるか、どこまで細かく説明するか、その粒度に関しては読者それぞれの会社によってさまざまでしょう。「現預金が何円」まで説明するか、この考え方だけを伝えるかは個々に判断していただくことになると思います。ただし、どのような場合であっても「自分の行動が会社の現預金にどう影響を与えるか」という視点は変わりません。

下手な値引きをさせない、ムダな買い物をさせないためにも会計データから導き出されるお金の流れを共有するようにしてください。

現状を知り、課題をあぶり出し、優先順位を決めて実際に行動に移す

では、データドリブン経営の本題に入っていきます。

改めてお伝えすると、データドリブン経営とは「会計データを可視化させ分析して経営に活かす手法」のことです。

クラウド会計で月ごとのデータを可視化し、そこからヒント＝異常を掴み、現状を知る。その中から問題点――発見した異常値が「ＯＫ」なのか「是正すべき」なのかを判断していきます。

その上で優先順位を決めます。まず「何を分析したいか」が決まらないとデータは取りようがありません。

分析するターゲットが決まり課題があぶり出されたら、その課題に優先順位をつけていき

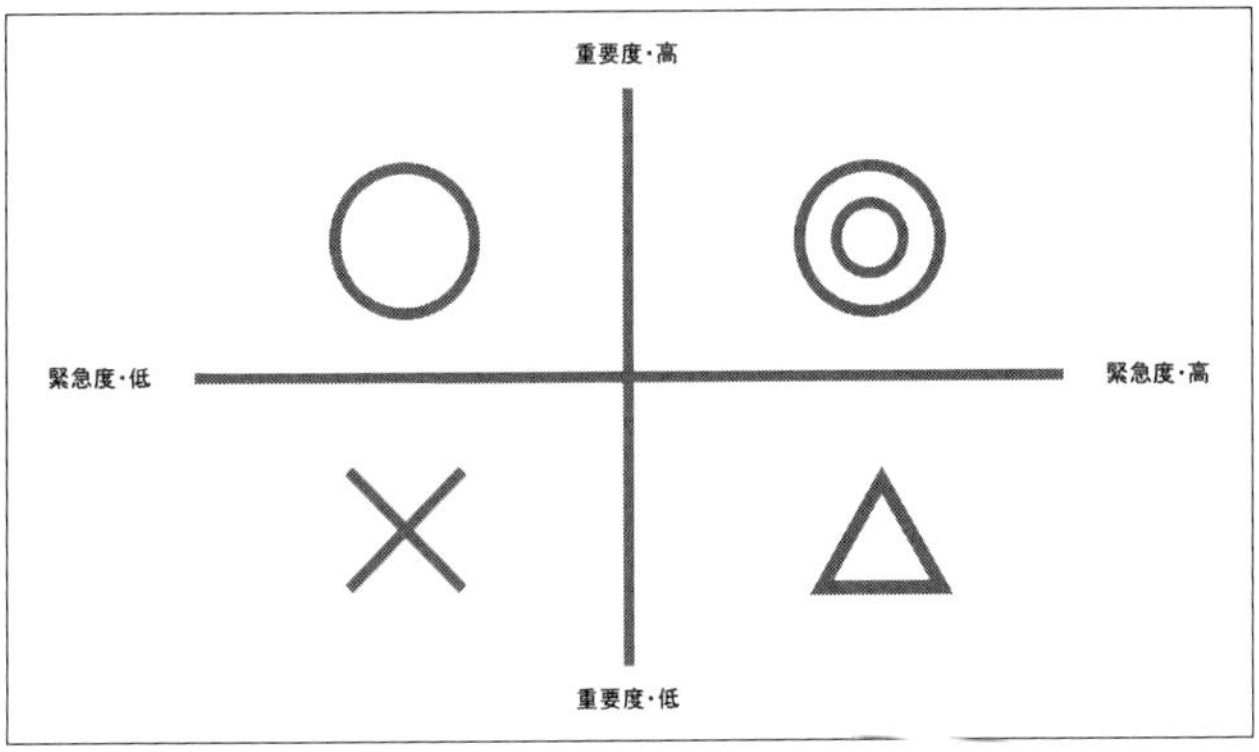

ます。課題を見たときに「どんなデータがないとこの課題が解決できないか？」「どんなデータがあれば原因を追究できるか？」という視点が重要になってきます。

優先順位を決めるときには基準があります。

このときの基準は「緊急度と重要度のマトリクス」で考えることができます。

緊急度と重要度のマトリクスは、世界的ベストセラー書籍『7つの習慣』で有名なスティーブン・R・コヴィー氏が提唱したタスクの優先順位を付けるためのフレームワークです。重要度と緊急度によってタスクを4領域に分類します。

この中で最初に手を付けるべきは「重要度と緊急度がともに高いもの」です。次に「重要度は高いが緊急度が低いもの」になります。

●「楽で数字を大きく伸ばせるもの」を探す

さらに細かい優先順位の付け方として「重要度と緊急度がともに高いもの」や「重要度は高いが緊急度が低いもの」が複数出てきた場合に「取り組みやすいものかどうか」が目安になります。

取り組みやすさの基準は「楽の度合い」と「伸びの度合い」です。

これも緊急度と重要度のマトリクスと同様に４つの領域に分けられます。

当然ながら、最初に取り組むべきは「比較的楽で数字を大きく伸ばせる」です。もしこれに該当するものがない場合は「楽ではないが数字を大きく伸ばせる」が最優先事項になってきます。

一方で「楽ではないし数字も伸びないもの」はそもそもやる必要性を感じられないでしょうし、「楽ではあるが数字はあまり伸びないもの」も優先順位としてはかなり下がるでしょ

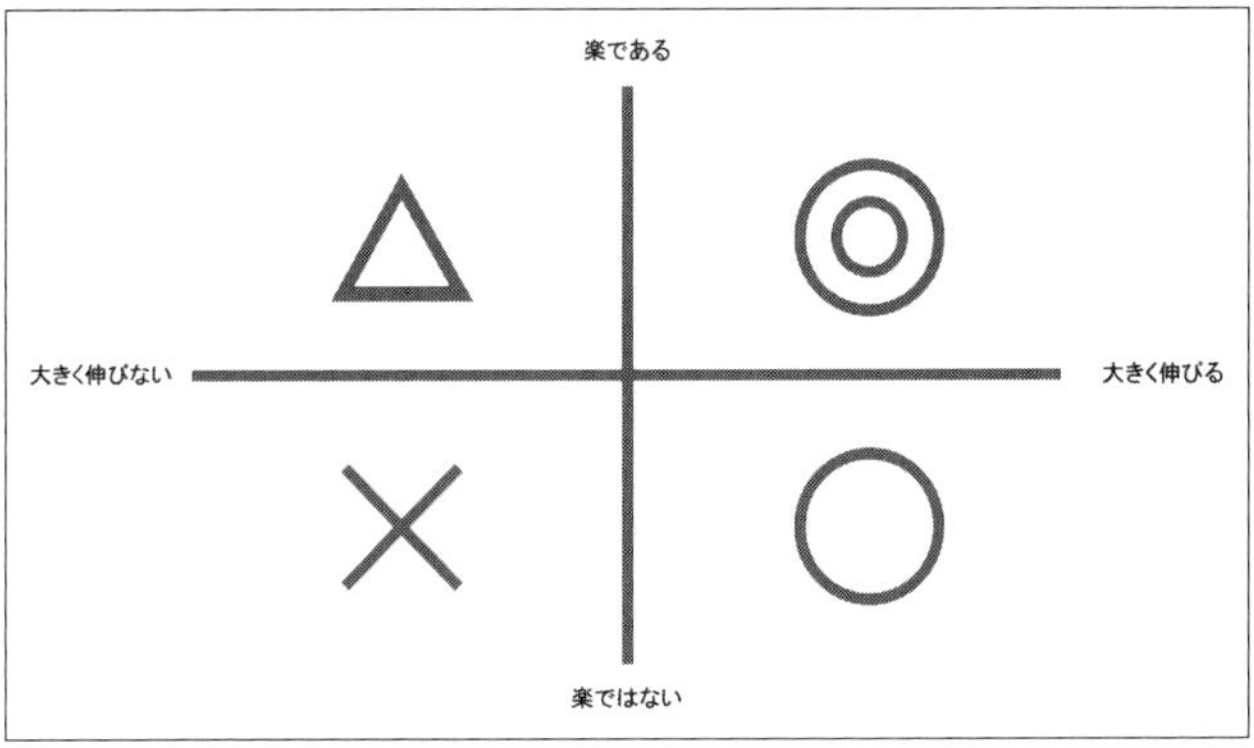

う。

ただし、「楽ではないし数字も小さくしか伸びないもの」に関しては数字を意識するために施す新人へのトレーニングとしてはいいかもしれません。

例えば、売上が1万円しかプラスにならないものであっても、前年比や前月比を超えられるものであれば成功体験になります。さらに、小さくても伸びたことを評価するようにすれば、経験値の蓄積とともにモチベーションアップにもつながるかも知れません。

入手したデータを分析するときの4つの視点

企業によっての課題、解決すべき優先順位はさまざまだとお伝えしましたが、求める結果としては「売上を上げる」か「コストを下げる」＝利益を増やすのどちらか2つになってくると思います。

データドリブン経営で手に入れた会計データと関連データを分析し、上記のどちらかの結果を求めていくわけですが、その際に私は4つの視点を活用しています。

・利益確保の視点
・金融機関の視点
・税務署の視点
・資金繰りの視点

それぞれの視点を理解した上で、数字の意識を持って分析し、新しい行動につなげていくのがデータドリブン経営です。

それぞれの視点を1つずつ解説します。

●利益確保の視点には4つの目線がある

少し混乱をさせてしまったら申し訳ないですが、1つめの「利益確保の視点」には「営業」「仕入（生産・製造）」「人事」「経理」の4つの担当部署でそれぞれ別の目線が存在します。

個々の部署がこの目線での意識を持ってデータドリブン経営に参画していくことが必要ですので、1つずつ解説していきます。

1. 営業担当の目線

営業は会社の「売上」に貢献する部署です。ですから、基本的に「売上とは何か?」を理解し「どのようにすれば利益がより多く残るか」を考えて行動しなければいけません。

売上は「客数（販売個数）×客単価×リピート率（回数）」に分解できます。

例として、エステサロンの経営で考えてみましょう。

（1）利益の増加を意識する

単価1万円のコースを月1回来店してくれるお客さんが100人いるとします。これで月の売上は100万円です。

ここからエステの材料費が20万円（1コースあたり2000円）だとして、差し引くと粗利益は80万円になります。さらに、その他の費用として人件費・配送費・店舗家賃・水道光熱費などが75万円とすると、最終的な利益は5万円になります。

これを改善していくとして、客数・客単価・リピート率をそれぞれ3％改善できたと仮定します。すると、どのくらい利益が残ることになるでしょうか？

3％改善できると、客数は新規で103人になります。客単価の場合は1万300円だとイメージが湧きにくいので、30人のお客さんに1000円のオプションマッサージ（材料代200円）を受けていただいたとすると計3万円のプラスになります。リピート率は100人中3人が月2回来店いただいたとします。

すると、売上は「客数103人×1万円＋30人×1000円＋3人×1万円＝109万円」になります。

ただし、売上が上がった分だけ材料費も上がります。

「1コースあたり2000円×106人（3人増＋3人増）＋オプション200円×30人＝21．8万円」が材料費となり、売上から差し引くと粗利益は87．2万円になります。それ以外の費用はほぼ変わらないとして75万円を差し引くと、最終利益は12．2万円という計算になりました。

たった3％の改善をしただけで5万円の利益が約2．5倍になったのです。

この計算を自社で落とし込む場合には、次の3つに注意しましょう。

①クラウド会計でデータを取った上で、1コースあたり及びオプションの費用単価を把握しているか＝自社商品サービスの単価の把握ができているか。これは、クラウド会計で材料費の総額はわかるので関連データの客数で割り戻せば単価が出ます。

②関連データ上で来店客数及び回数を把握しているか。100人が1回しか来ていないのか、2回以上来ているお客さんがいるかの情報を把握することが大事です。

③約2．5倍になり得る事実をスタッフ全員に共有しているか。たった3％でも大きな違いが起きることを把握することが大事です。

（2）優良なお客さんを選択する

営業マンにとっては「売上」が大事であり、お客さんを選択する際にも「売上が高ければOK」となりがちです。しかし、大事なのは利益です。

エステサロンの例では売上を上げることで利益も増えましたが、必ずしも売上に比例して利益も増加するとは限りません。

例えば、客先Aは1000万円の売上見積りで客先Bは500万円の売上見積りがあるとします。売上を重視すると客先Aを選択してしまいがちです。

しかし、1000万円の方には材料費や人件費などで800万円の費用がかかるとします（利益200万円）。一方、500万円の方は200万円の費用で済むとします（利益300万円）。すると、選択すべきは客先Bになります。

これを、利益構造を知らずに売上を重視することで「本来はもっと儲かる客先」の選択を誤ってしまうのが営業ではよくあります。大切なのは「売上ごとの利益を把握できているか＝費用の抽出ができているか」であり、クラウド会計を使うことにより、これらのデータが抽出できます。

結果、取引した方が良い客先・しない方が良い客先が見えて来ます。

（3）売上重視で値下げはキケン

原価がかかり過ぎてしまい、売れば売るほど赤字になるようなものを「不採算売上」と呼びますが、売上重視で営業をしていると不採算売上も作りやすいので注意が必要です。

（2）のケースで両商品とも利益が300万円だったとしましょう。

このとき、それぞれの客先から5％の値下げを要求されたとします。売上重視の営業マンは「それでも売上が立つなら」と応じてしまうかもしれません。

しかし、1000万円の5％は50万円、500万円の5％は25万円です。それだけ利益が減少します。このときに重要なのは、5％という比率で考えるのではなく、それが影響する絶対額（このケースでは50万円と25万円）を注視することです。

別のケースでも値下げについて考えてみましょう。

「単なる販売数量の減少」と「売上単価の減少」という2つのパターンです。

1本80円で仕入れた飲料を100円で売るとします。1万本売れば売上は100万円で利益は20万円です（経費80万円）。このとき、販売数量の減少パターンで9000本しか売れないとします。すると売上は90万円、利益は18万円になります。

一方で、売上単価の減少パターンで90円に値下げして1万本を売った場合は、売上は90万円のままで変わりませんが、仕入れたコストは変わらない（減らない）ので80万円がそのまま差し引かれて、利益は10万円になってしまいます。

同じ売上高でも値下げをすることにより利益の減少に大きく影響してしまうのです。

仮に売上が下がった場合に、単に販売数量の減少によるものなのか、値下げによるものなのかを分析することが重要だとおわかりいただけると思います。そして、値下げがいかに危険かもわかるでしょう。

逆に言えば、最初のエステサロンのケースのように商品単価を増やしたり、そもそもの値上げをすることは効果的だとも言えます。特に今の世の中は単価を上げることが理解されやすい時代なので、原価を調べた上で値上げ交渉をする、適正な金額を請求することが重要になってきます。

（4）単品売りではなくセット販売にする

次に店舗型ビジネスでのケースです。

飲食店やケーキ屋、美容室（サロン系）の場合、繁盛する時間帯（ピークタイム）と閑散とする時間帯（アイドルタイム）があるでしょう。飲食店であればランチタイムの11時～14時頃までは忙しく、そこから17時頃までは暇になるようなイメージです。

そのような際に、あえてセット販売を行うことで割安感を出す営業戦略を検討してみるのもいいでしょう。

ここではケーキ屋の例でお伝えします。

アイドルタイムに、ケーキ屋がケーキバイキングのプランを立てたとします。

ケーキ1個あたりの売値が400円で原価が120円、コーヒー1杯あたりの売値が350円で原価が105円とします。どちらも原価率30％なので非現実的な数字ではないと思います。

通常の時間帯でケーキとコーヒーが1つずつ売れると、売上は750円で利益は525円です。

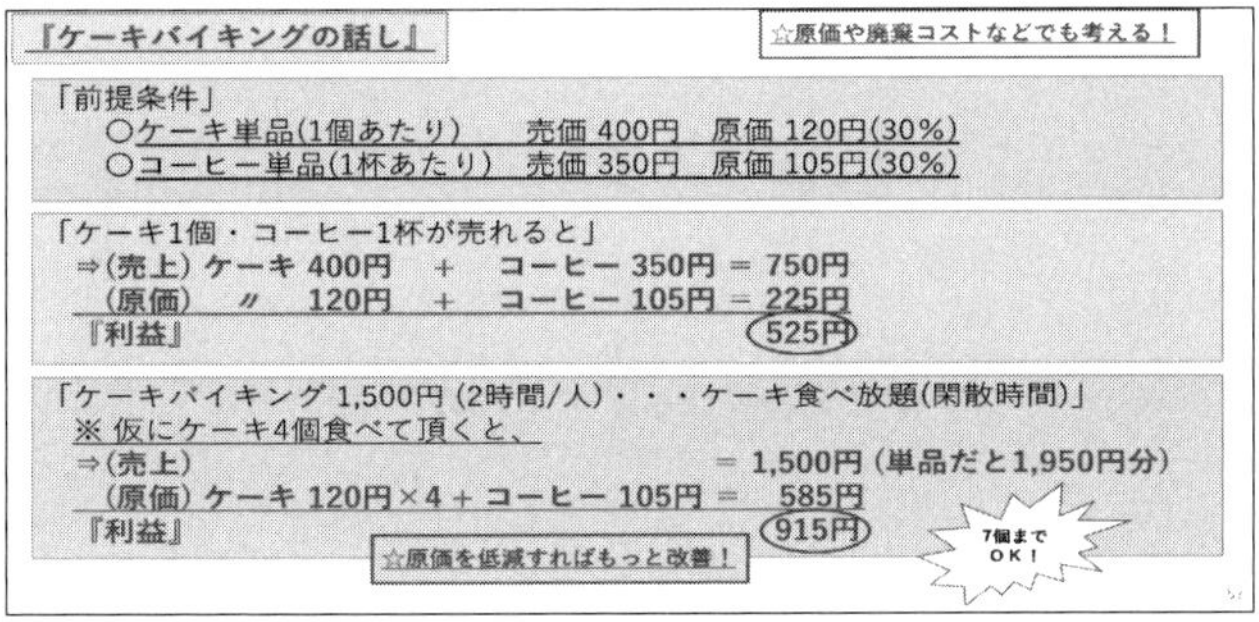

まずこの計算を覚えておいてください。

さて、ケーキバイキングは２時間制で、１人１５００円で設定します。制限時間内はケーキ食べ放題ですが、仮にケーキを４つ、コーヒー１杯が消費されたとします（バイキングにはコーヒーも含む）。

すると、ケーキ４つとコーヒー１杯の原価は５８５円（１２０円×４個＋１０５円）。で、差し引きの利益は９１５円となります。バイキングにすることで１人のお客さんから立てられる利益を２倍近くにまで増やすことができました。

仮に、ケーキとコーヒーが１つずつの利益まで確保することを考えると、最大７個まで食べてもらっても大丈夫だということになります（１２０円×７個＋１０５円＝９４５円の原価。差し引き５５５円の利益）。

もちろん、この計算を行うためにはクラウド会計のデータ以外にも関連データとして売れた個数を数えておき、割り戻す必要があります。これはレジを使っているような店舗であれば割り出せるでしょう。

さらに、売上と原価の総額もクラウド会計でわかりますので、1つの商品（この場合はケーキ）がいくらの原価になっているかも割り出しておき、バイキングのラインナップにも反映させるべきでしょう。

（5）集客でペイできるレベルの値下げをする

さて、先の例では「安易な値下げをしてはいけない」とお伝えしました。

前言を翻すようですが、絶対に値下げをしてはいけないと言いたいわけではなく、集客によってペイできるのであれば、値下げも1つの戦略として考えることができます。

ここでは美容室を例にとってみます。

定価5000円のスタイリスト1人が、1日に4人をカットできるとします。

売上は2万円ですが、もしもアイドルタイムがあってもっと人数を切れるのであれば、も

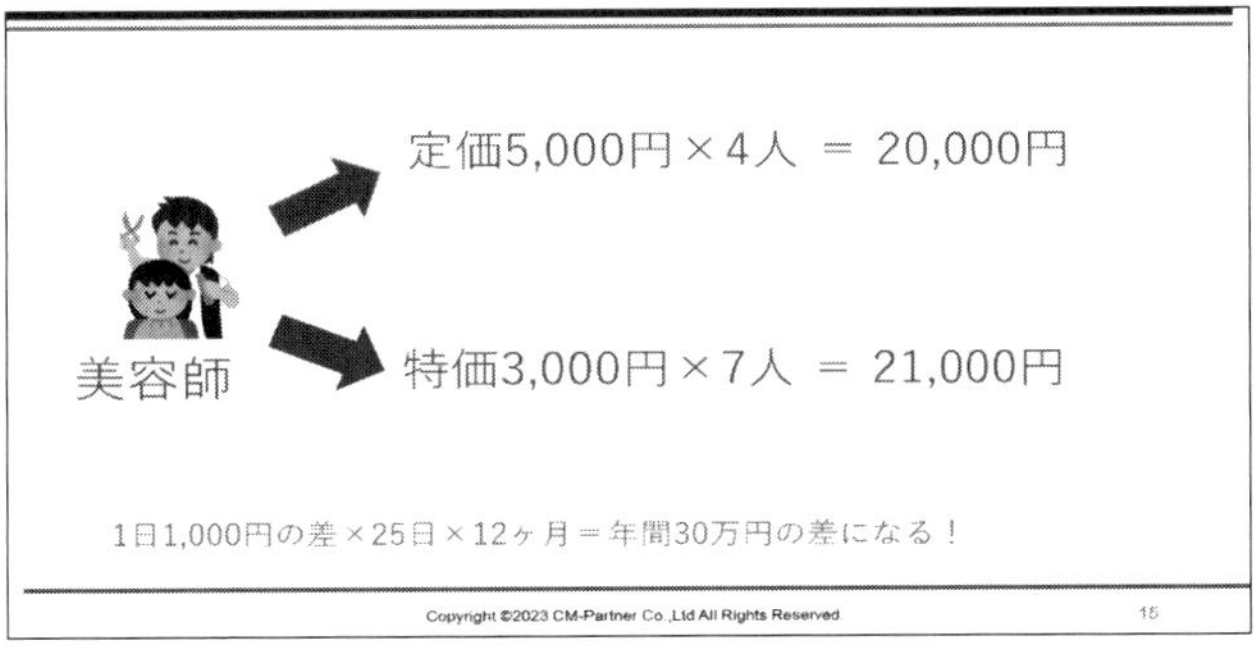
定価5,000円×4人 ＝ 20,000円
美容師
特価3,000円×7人 ＝ 21,000円
1日1,000円の差×25日×12ヶ月＝年間30万円の差になる！
Copyright ©2023 CM-Partner Co.,Ltd All Rights Reserved
15

しくは基本的に閑散としているのであれば、価格を下げることで集客を増やし、売上を高めることができます。

仮にカット料金を３０００円にして1日に7人を集客できたとします。すると売上は２万１０００円です。25日続ければ２万５０００円の差額が発生します。もちろん、その分の手間は増えますが、売れないものは値下げしたり、暇な時間（空いている時間）を有効活用する場合には正規の単価にこだわる必要はないわけです。

このような発想ができるのも、原価がいくらかわかっていて、どれだけのお客さんが来ているかを把握しているからです。「どれだけお客さんが来ているか」は会計システムには反映されませんので、人数や時間帯などを把握しておかなければいけませんが、逆に知っていれば別の営業戦略を取れるかも知れないということです。

繰り返しになりますが、闇雲に「売れないよりマシ」で値下げをするのではなく、売れない状態や時間帯をなんとかする戦略として値下げを考えてください。

(6)「1%増」でも規模が大きくなると金額も大きくなる

値下げをするときは割合(パーセンテージ)ではなく絶対額で見なければいけない、ということをお伝えしましたが、逆に値上げや利益を増加させることに関してはパーセンテージを甘く見てはいけません。

ここでは運送業者のケースでお伝えします。

125ページの表をご覧ください。

ある運送会社のトラックの日ごとの各種データ推移を表にしたものです。

「現状」の数字では1日3万円を売り上げるトラックのガソリン代が3000円になっています。1リットル150円で計算して、1日で100km走行し、20リットルを消費するとしています(燃費はリッター15kmです)。

（燃費）　　　　　　　　　　　　　　　　　　　　　　（単位：円）

	現 状	パターン1	パターン2	パターン３	パターン4	パターン5
売上(日)	30,000	30,000	30,000	30,000	30,000	30,000
ガソリン代	3,000	2,700	3,200	2,500	2,700	2,250
（対売上）	10.0%	9.0%	10.7%	8.3%	9.0%	7.5%
（対現状）		-1.0%	0.7%	-1.7%	-1.0%	-2.5%
1リットル	150	135	160	150	150	150
使用量(ℓ)	20.0	20.0	20.0	16.7	18.0	15.0
燃費(ℓ)	5	5	5	6	5	6
走行距離	100	100	100	100	90	90

 11

売上に対するガソリン代の比率は10%になります。

注目してもらいたいのはパターン３とパターン４です。

パターン３は燃費が良くなったケースです。空ぶかしをしないなどの要因でリッター６ｋｍになると、走行距離は変わっていなくてもガソリン代が現状からマイナス１．７％で２５００円になりました。

パターン４は走行距離が減ったケースです。より効率の良いルート開拓や、新しいコースを発見したことで走行距離が１日90ｋｍに減ると、ガソリン代が現状からマイナス１．０％で２７００円になりました。

ここまでを踏まえた上でパターン５を見てください。これはパターン３とパターン４を合計したもので、現状からトータルでマイナス２．５％でガソリン代は２２５０円になりました（７５０円の減額）。

さて、ここまでお伝えしてきた話は売上3万円の話です。

もしも、これが3億円になると、金額は一気に1万倍になります。一般的な企業で最終利益は5％出ていれば良い方だと思いますので、減額によってプラス2．5％─つまり最終利益7．5％にまで上げられることになります。たった2．5％ですが、750円の減額は750万円の減額になるわけです。

750万円の追加利益があれば、それによって新たに人を雇ったり、内部留保にしたり、新しく設備投資をしたりできるでしょう。

数字をわかっていることでこのような営業戦略を考えられるようになり、結果的に次の経営戦略を取れるようになるわけです。

2. 仕入（生産・製造）担当の目線

利益確保の視点の第2の目線は「仕入（生産・製造）」に関するものです。

生産・製造部門に関してはできるだけ「ロスを少なくする」ということを念頭に置くことが必要です。ロスを出さないことを意識して仕入れを行うことで、不良在庫や歩留率の解消に役立ちます。

(1)「安いから」という理由での購入が不良在庫を生む

生産・製造では「仕入」という作業が発生します。材料を買ってきて加工して商品にし、それを営業が販売するのが商売の流れでしょう。

仕入作業として材料を安く購入するのは当然です。しかし、だからといって大量購入をすると、そこには落とし穴が隠されています。

特に、ロット数を考えて大量に仕入れた方が1つひとつの材料単価が下がることがあるので「安いから」という理由で必要以上に購入してしまいがちなのは〝仕入あるある〟なのではないでしょうか？

例えば、1つ1万円の材料があるとします。1つずつ10回に分けて購入すれば費用は10万円かかります。ところが、処分セールや大量購入特典のような形で10個を一気に購入すれば7万円に値引きされるとしましょう。

その商品を加工していくらで販売するかは別として、仕入れた材料10個をすべて活用することができればいいでしょう。しかし、5個しか捌かせられなかった場合にはいくつかの問題が残ります。

まず、残った5個が不良在庫化してしまうことです。結局、材料自体が陳腐化して使用されることなく倉庫の一部を圧迫するか、処分することにもなりかねません。

次に、5個が不良在庫化しているという現実は、振り返ればそもそも10個も買わなくてよかったことになります。5個しか仕入れなかった場合、値引き後の購入費用7万円よりもさらに2万円のコストを抑えた5万円になるわけです。

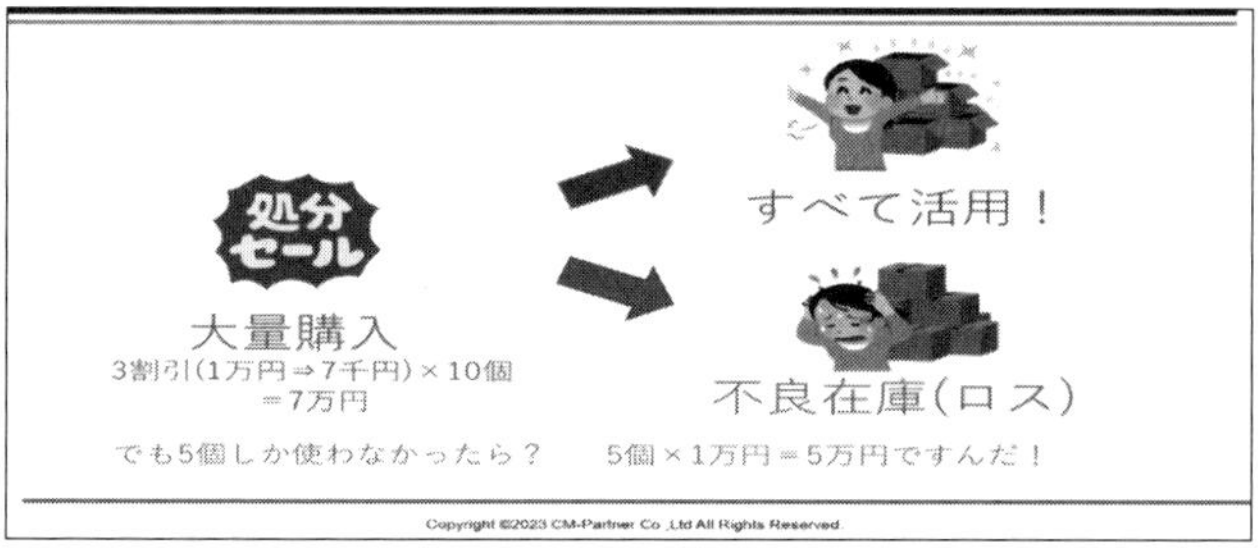

このようなことも1個あたりの購入単価と、現状の在庫が何個残っていて、何個捨てなければいけなかったか、といったデータを非財務データとして掴んでいないといけません。

（2）歩留率（製品完成率）を把握して適切な設備投資をする

不良在庫とともに歩留率の把握もロスをなくす意味で重要です。

仕入れてきた材料を加工したことで、10個の製品が完成するケースAと、8個の製品が完成するケースBがあるとして、この2つのケースでは歩留率が20％も変わってくることになります。

仮にその製品を10万円で販売する場合、20万円の売上の差が出てしまいます。

このように歩留率が良いのか悪いのかは「材料をどれだけ買って、いくつの製品ができたか」のデータがあれば割り出すことができるはずです。

そして、歩留率を把握した上で、設備投資も適切に行う必要があります。

例として製麺機の新たな設備投資を検討するとしましょう。製麺機Aは同じ材料で100個の麺が作れます。製麺機Bは90個作れるとします。

1玉を150円で販売するとしたら売上の差額は1日1500円、25日×12ヶ月で、年間45万円になります。単純に考えると100個作れる製麺機Aの方が歩留りは良いので投資対象と考えられるかもしれません。

しかし、ここに別の要素が絡んできます。

例えば、製麺機AとBで必要材料の量が異なるとしたらどうでしょう？

製麺機Aは10kgの材料で100個、製麺機Bは7．2kgの材料で90個を製造できるとします。すると、単純に割り戻して製麺機Aは1玉の麺に100gの材料が必要で、製麺機Bは80gでいいことになります。

この場合、効率的なのは製麺機Bになります。

さらにもう一歩進みましょう。販売数を兼ねた試算です。

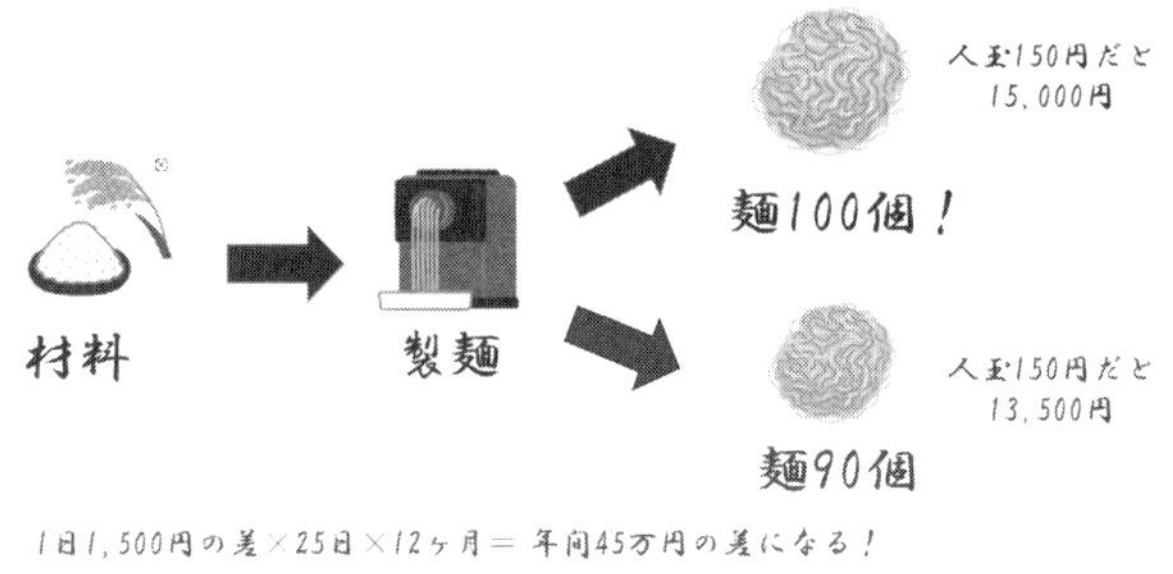
材料
製麺
麺100個！
人玉150円だと
15,000円
麺90個
人玉150円だと
13,500円
1日1,500円の差×25日×12ヶ月＝年間45万円の差になる！

店舗Aの予定販売数が450個だとします。すると、製麺機Aの場合は50個のロスが生まれ、製麺機Bは綺麗に使い切ることができます。

逆に店舗Bの予定販売数が500個だとします。すると、製麺機Aの場合は綺麗に使い切ることができ、製麺機Bは40個のロスが生まれてしまいます。

ここまでお伝えしてきたのはあくまでもシミュレーションではありますが、どのように設備投資をするかは企業によってさまざまで、それぞれの現実に合った形でしなければいけないことはご理解いただけると思います。

そして、自社に合った設備投資を分析・判断するためには、必要販売数量や1個あたりの必要材料費を把握していることが必要になってきます。

クラウド会計でまず総額を掴み、その上で販売データを別のデータとして掴んでおかなければいけません。そうやって初めて分析ができ、ロスのない設備投資をすることができるのです。

3. 人事担当の目線

利益確保の視点の第3の目線は「人事」に関するものです。要するに「人」への投資です。企業が人を確保するときの選択肢として「社員」と「外注」の2つがあります。

仮に社員の月給が20万円、外注の人件費が30万円／月とします。これも単純に考えれば前者の方がお得です。しかし、ここに落とし穴があります。

社員の場合は月給以外にも必要な費用があります。

例えば、次のものが別途必要だとします。

・社会保険料3万円／月（20万円×15％）
・通勤手当2万円／月
・賞与（12万円を年2回（月2万円）。社会保険料15％＝1．8万円×2回（月0．3万円）。）
・パソコンやデスクの費用として2万円／月。
・採用募集費用としての広告料が仮に年1回、1人が辞めると月に3万円がかかります。
計算してみると、

20万円＋3万円＋2万円＋2．3万円＋2万円＋3万円＝32．3万円

なんと外注の人件費30万円一月を超えてしまいました。

月給以外の1人あたりのコストを把握せずに「安いから」の理由で雇用すると、このようなことにもなりかねません。人件費はクラウド会計に入っているのですぐに計算ができるでしょう。

さらに言ってしまえば、今の時代は人手不足の時代で、募集してもなかなか集まりません。しかも、日本では一度雇うとなかなか会社都合で辞めてもらうことも難しいです。

そう考えると、スポット的でも外注にお願いした方が1回の費用は高額でも人手の調整弁として良いかもしれません。外注の場合は仕事がなければ発生しないため、月ごとにコストを0円に抑えることもできます。

ただし、仮に社員を雇っても多能工化＝さまざまな仕事ができるようになってもらえば、外注を雇わなくて済むようにもできたりします。

人事転換によって人材を持て余すこともなくなるので、このようなことを検討するのも人事の仕事と言えるでしょう。

「どちらが良いか悪いか」ということではなく、人事担当の目線でもデータをもとに分析・判断をする必要があるのです。

4．経理担当の目線

利益確保の視点の第4の目線は「経理」に関するものです。

経理がまず考えるべきは「ムダなコストをカットできないか？」というものです。企業には往々にして「よくわからないけど払っているお金」が存在していたりします。

例えば、ずっと支払い続けている何かの会費や年間手数料です。もう何年も参加していない同業者団体や社長が付き合いで加入している組合、読んでいない広報誌、新聞、業界雑誌など、チリも積もればの感覚で積み重なったコストがあるかもしれません。

他にも、営業車両の燃料代で必要以上にコストがかかっているかもしれません。「どこまで営業に行っているのか」「どうしてこんなにガソリン代がかかるのか」といったこともデータを把握することで削減できます。

コピー機のリース代金なども、必要以上に高機能なものを借りてしまっているかもしれません。自社の業務に必要なレベルに合わせればもっとコストカットが可能だったりします。

次に、インボイス制度の対応についてです。

２０２３年10月から始まり、制度のややこしさから混乱があるかもしれませんが、そもそも社長がクレジットカードの詳細な利用明細を持ってこないケースが、実は多いのです。

経理がクラウド会計内でインボイスのチェックをしておかないとあとで負担が増えます。

消費税の仕入税額控除ができない金額は金銭面での負担になり、費用増加要因になってしまいます。

このような「昔からの流れだから」という考えでムダな費用を垂れ流してしまうことはよくあります。時代の流れが速い現代では、素早い対応をすることが肝心です。

クラウド会計内にデータはありますので、再確認する価値はあると思います。

●金融機関の視点で大事なのは「返してもらえるかどうか」

次に、4つの視点の2つめの「金融機関の視点」についてです。

金融機関は一般的に「銀行は晴れた日に傘を貸し、雨の日に傘を奪う」などと揶揄されることがありますが、彼らのビジネスは融資であり、ビジネス的側面から見ればこれは仕方がないことでもあります。

金融機関の視点で最も大事なのは「貸したお金を返してもらえるかどうか」であり、そのためには業績の良い会社であることが必要です。業績が良いからこそ返してもらえる可能性が上がり、貸してもらいやすくなるわけです。

(1)「返してもらえるかの指標」は最終的な利益

金融機関は返してもらえるかどうかを知るために、会社の「利益」に着目します。ただし、お金が出ていかない減価償却費が利益計算で差し引かれています。

そこで、簡易的に「税引後利益＋償却費が返済原資になる」という見方をするのです。

さらに、借入金の目安はその10〜15倍の額です。言い換えるなら「税引後利益＋償却費の10年分」で貸したお金が返ってくるかを考えます。

今ある借入金残高を税引後利益＋償却費で割って10（年）以下であれば金融機関は安心し、11（年）以上になると「これ以上は貸せないかな」というイメージ（目安）です。

例えば、ある企業が2億円の借り入れをしているとします。

税引後利益＋償却費が毎年2000万円出ているとしたら10年分なのでOK、毎年1000万円であれば20年分なので追加融資は厳しくなる計算です。

税引後利益＋償却費についてはクラウド会計内にデータとして載っています。

税引後利益も償却費も借入金残高も載っていますので、単純に計算をして割り戻してみてください。

もしも11を超えていると、今後、資金繰りが厳しくなったときに追加融資を受けられない可能性が高くなったり、今後のビジネスの継続が難しくなったりするかもしれません。

改善できるように動かなければいけないでしょう。

（2）「貸したお金が何に使われているか」の説明材料を集める

もう1つ、金融機関は貸したお金を返してもらうために「そのお金が何に使われているか」にも必ず着目します。

そしてそのときには、貸借対照表の左側（借方）を分析します。

2億円の借入金があるとして、それを何に使っているか？

例えば、1億円を現預金として持ち（貯金し）、残りの1億円を土地や建物や機械装置に使ったとします。要するに設備投資です。この場合、1億円は使用されていますが「資産（換金価値あり）」となっていれば、万が一、会社が倒産したとしても回収できると考えます。

一方で、1億円を赤字の穴埋めに使っているとしたら、その1億円は将来の利益で返済するしかありません。

金融機関は常に最悪のケース（倒産した場合）を想定しているので、どこから返してもらうか、それがないならどうやって貸したお金を返してもらうかを考えます。

このようなことを貸借対照表から推測するわけです。

ですから企業側は、借りたお金を何に使ったか、どのようにして将来返すのかを金融機関に対して説明できるように材料を集めておかなければいけません。

このときに「土地に使いましたが、将来、価値が上がって売却したときに○億円くらいになると思います」と言えれば良いでしょう。

しかし、将来に稼がないといけない場合は毎年の利益を把握し、先に説明した返済原資が10年以下になっているかどうかを把握し、11年以上であれば対策を取らないといけないのです。

これはお金を借りる側の義務のようなものです。

借りる側も自分がどう借りてどう使っているかを把握し、借りている相手に理路整然と伝えられる材料を揃えておく義務があると考えましょう。

（3）経営者保証の解除について

やはり経営者保証の解除は非常に重要ですし、経営者の方の要望も多いです。

全国銀行協会と日本商工会議所が策定した「経営者保証に関するガイドライン」では、「経営者保証に依存しない融資」として、以下の3つの要件を示しています。

1. 法人と経営者との関係の明確な区分・分離

これは、資産の所有やお金のやりとりに関して、法人と経営者が明確に区分・分離されているというイメージです。

2. 財務基盤の強化

これは、財務基盤が強化されており、法人のみの資産や収益力で返済が可能であるというイメージです。

3. 財務状況の正確な把握、適時適切な情報開示等による経営の透明性確保

これは、金融機関に対し、適時適切に財務情報が開示されているというイメージです。

ガバナンス体制の整備に関するチェックシート

【別添3】

【本シートの目的】
本シートは、事業者のガバナンス体制の整備・強化に向けて、経営者と支援者の目線を合わせて、その達成状況や今後の課題を議論できるよう策定したシートです。そのため、経営者のみならず、中小企業活性化協議会をはじめとする支援者の皆様に活用いただくことを想定しています。なお、本シートの項目、目安は例示であり、各企業の規模等によって適宜アレンジして使用することが望まれます。

【本シートの活用における留意点】
本シートの項目や各種の目安は例示です。この目安を全て満たさなければいけないといったものではありません。また、この目安を満たしたからといって、必ず経営者保証が解除されるものではありません。

【チェック項目】

	項目内容		チェックポイント（◎は特に重要な項目）	チェック欄
経営の透明性	経営者へのアクセス	◎	支援者が必要なタイミング又は定期的に経営状況等について内容が確認できるなど経営者とのコミュニケーションに支障がない。	
	情報開示	◎	経営者は、決算書、各勘定明細（資産・負債明細、売上原価・販管費明細等）を作成しており、支援者はそれらを確認できる。	
		◎	経営者は税務署の受領印（電子申告の場合、受付通知）がある税務関係書類を保有しており、支援者はそれらを確認できる。	
			経営者は試算表、資金繰り表を作成した上で、自社の経営状況を把握する。また、支援者からの要請があれば提出する。	
	内容の正確性	◎	経営者は日々現預金の出入りを管理し、動きを把握する。例えば、終業時に金庫やレジの現金と記帳残高が一致するなど収支を確認しており、支援者は経営者の取組を確認できる。	
			支援者は直近3年間の貸借対照表の売掛債権、棚卸資産の増減が売上高等の動きと比べて不自然な点がないことや、勘定明細にも長期滞留しているものがないことを確認する。	
			経営者は、会計方針が適切であるかどうかについて、例えば、「「中小企業の会計に関する基本要領」の適用に関するチェックリスト」等を活用することで確認した上で、会計処理の適切性向上に努めており、支援者はそれを確認できる。	
法人個人の分離	資金の流れ	◎	支援者は、事業者から経営者への事業上の必要が認められない資金の流れ（貸付金、未収入金、仮払金等）がないことを確認できる。	
		◎	支援者は、経営者が事業上の必要が認められない経営者個人として消費した費用（個人の飲食代等）を法人の経費処理としていないことを確認できる。	
			経営者は役員報酬について、事業者の業況が継続的に悪化し、借入金の返済に影響が及ぶ場合、自らの報酬を減額する等の対応を行う方針にあり、支援者はそれを確認できる。	
	事業資産の所有権		経営者が事業活動に必要な本社・工場・営業車等の資産を有している場合、支援者は法人から経営者に対して適正な賃料が支払われていることを確認できる。	

	項目内容		項目例(注1)	t-2期	t-1期	t期	目安(注2)	チェック欄
財務基盤の強化	債務償還力	◎	EBITDA有利子負債倍率				15倍以内	
	安定的な収益性	◎	減価償却前経常利益				2期連続赤字でない	
	資本の健全性	◎	純資産額				直近が債務超過でないこと	

（注1）事業者規模や業種等に応じて、項目は変更することを想定しています。例えば、金融機関によっては次のような項目を採用しているケースがあります。債務償還力はEBITDA有利子負債倍率（目安：15倍以内）、インタレスト・カバレッジレシオ（同：2.0倍以上）、債務償還年数（同：20年以内）等、安定的な収益性は減価償却前経常利益（同：2期連続赤字でない）、使用総資本事業利益率（同：10%以上）等、資本の健全性は純資産額（同：直近が債務超過でない）、自己資本比率（同：20%以上）、純資産倍率（同：2.0倍以上）等。
（注2）目安に記載した数値は絶対的な基準ではなく、事業者に応じて変わり得るものです。事業者の事業規模、業種等によっては本シートに記載した目安と異なりますので、経営者と金融機関をはじめとする支援機関との間で活用する場合、目安となる数値設定から意見交換していただくことを想定しています。

【参考情報】

経営の透明性等の確保・継続する手段として、取締役会による適切な牽制機能の発揮、会計参与の設置、外部を含めた監査体制の確立等によって、社内管理体制を整備していくことも考えられます。

経営者保証について、「徴求する/しない」の二択ではなく、事業者のガバナンス体制の整備状況に応じて、経営者保証による保証債務の効力の有無をコベナンツで設定するといった手法も考えられます。

これら3つの要件を満たすことは、経営者保証の解除だけではなく、会社を発展させるためにも重要な要件だと思います。そのため、データ分析をする際にも、常に意識しておきたいものです。

●税務署の視点はシンプル「少なく申告していないか」

次に4つの視点の3つめの「税務署の視点」は至ってシンプルです。

税務署は税金が通常よりも少なくなっていないかの調査をかけます。ですから「本来よりも利益（所得）が少なく申告されていないか」を見ます。

利益は売上から経費を差し引いたもので計算できます。つまり、「売上が少なく計上されていないか」「費用を多く計上していないか」でしか見てこないのです。

売上が減っていたり、経費が多くかかっているのであれば、その理由は辻褄が合っているかが一番大事です。

クラウド会計を分析するときには、これらの視点で年度ごとに比較し、前年と比較して異常はないかを考えることも大切です。

例えば、急に費用が増えていたり、急に売上が減っている場合に、

・それは同業他社と比べて適正か
・期末に多額の経費が計上されていないか
・翌期の売上に前期分はないか
・使っていない物品などを経費としていないか
・インボイスは正しく処理されているか

など分析する糸口は多数あります。

逆に言ってしまえば、クラウド会計のデータ分析でこの点さえ押さえておけば税務調査にも対応できることになります。

●資金繰りの視点は

最後に4つの視点の4つめの「資金繰りの視点」です。

何度もお伝えしていますが、会社は赤字では倒産しません。現預金がなくなったら倒産します。ですから資金を確保するための「資金繰りの視点」も重要です。

そもそも、金融機関は「今日、貸してくれ」では貸してくれません。「○ヶ月後に○○の理由で○円が必要になるから貸してください」ということを事前に伝えておかなければいけません。

この発想で資金を工面する必要があるのです。

最もよくあるのが売掛金を正しく回収できていないケースです。

遅延が発生していたり、営業が回収まで考えていなかったり（売りっぱなしになっている）、請求忘れをしてしまっていたり、ということもあります。

これらは貸し倒れのリスクになります。

会社は「利益」の中から税金も払えば借金も返します。借入金の返済や設備投資資金、将来に備える資金（新型コロナのような特殊事情）が捻出されるのです。

ですから、クラウド会計をチェックしておきましょう。クラウド会計内には売掛金のデータも入っています。

そして本来、社内に存在しているべき売上や利益を確保し、現預金がちゃんと潤沢にある状態を維持し続けなければいけないのです。

第4章

経営計画書で会社の未来を社員と一緒に創る

データドリブン経営で会社の未来を予測する

ここまでの流れ、はクラウド会計システムによって経理の事務作業を効率化して会計処理を行い、会社のお金のリアルタイムデータを入手して経営分析を行っていく内容でした。

ただし、ここまでは過去の分析・現状との比較に過ぎません。

データドリブン経営の最後のフェーズでは、これを「計画」によって未来へとつなげていきます。経営計画にはいろいろなものがありますが、本書では「お金」にフォーカスを当てて、あなたの会社の未来予測を行う方法をお伝えしていきます。

未来の計画には「利益計画」と「資金計画」があります。

利益計画では、売上をどう伸ばし、どのくらいの利益を残し、どのくらいの費用を使うかといったことを1年先、2年先、3年先というスパンで作っていくことが大事になります。

さらに利益だけでなく「資金」の計画も必要です。現預金がなくなると会社は倒産するからです。人は比較することにより何かを感じ、感じることにより行動に移しますから、まず計画という比較対象物を作り、どうなったかの実績と比べて次の展開としていくのです。

そして、計画したものは全社に浸透させていく必要があります。

会社を変えるためには、社長が何を考え、どんな未来を描いているかの計画を形にして伝えなければいけません。会社は幹部だけでは良くなりません。社長や経営幹部が「利益を上げろ！」とだけ言っても「社長の懐に入れるためではないか」と社員は考えます。

何のために利益を上げるのかがわからない＝不明瞭なことで勘違いし、反発が生まれます。

だからこそ「計画」の形にする必要があるのです。

この会社がどういう目的で存在していて、お客さんに何をすべきで、最終的に売上をいくらにするかを最終的には全社に浸透させて共有していないと、現実の活動にはつながらないのです。

これまでの時代は社長がワンマンで旗を振って社員がついてきました。人がたくさんいた時代は人材の代わりはいくらでもいたので、人を入れ替えることで会社を経営していけたわけです。

しかし、時代が変わってそれも難しくなりました。今は募集しても人が来ない時代で、特に中小企業はその苦しみにあえいでいるところは少なくないでしょう。人を募集するにも、雇った人に長く働いてもらうためにも、社長の人柄、目的、経営の想いに沿った人たちを厳選して採用し、方向性をブレさせずに育成していかなければいけない時代です。

そのためにも経営計画は必要になってくるのです。

経営計画には3つの指標が存在する

『経営計画を作るのはわかったけど、いざ作るとなると億劫だ』

もしかしたらそんな風に感じてしまうかもしれません。

確かに、経営計画は比較的高い確率で現実との乖離が生じます。要するにズレが発生するわけです。専門家に頼って一生懸命作っても、数ヶ月もすれば当初の計画通りにはいかなくてズレてしまう経験を、社長は誰しもしたことがあるかもしれません。

しかし、それでも経営計画はあった方が良いのです。

そもそも経営計画は長期（5～10年）、中期（3～5年）、短期（1年）と分けられ、それぞれに特徴があります。

長期は会社のビジョンを達成するための長期的で大まかな計画です。ミッションやビジョンと言われるものを意味します。「会社としてどうあるべきか」という「Ｂｅ」の意味合いが強いです。

中期は長期よりももっと数字を詰めて作ります。会社を継続させ、社員を豊かにするためにはどれくらいの売上があって、新商品がどれだけ必要で、新陳代謝が必要で……という具体的で必要な経営計画です。

短期は「計画」とは呼んでいるものの、実際は具体的な行動指針です。Beよりも会社として直近に何をするかが書かれていて「Do」に紐づいています。「新規の訪問が1ヶ月で何件」「既存のフォローアップは重点商品の商品Aを売り込むために2週間に1回行う」「規模が大きいところは週1回、小規模でも月1回の連絡をして売り込む」というレベルの何をすべきかがわかる経営計画のことです。

●経営計画があると社長はブレずに済む

長期経営計画は社長がブレないために必要なものです。

「10年後にウチの会社はこうなっていたい」という明確な青写真が手元にあるとブレなくなります。逆にそれがないと、社員の質問によって社長の気持ちの上下が生まれたり、日によって違うことを言ったりしてしまいます。

社長がブレなければ会社はブレません。もしも判断に迷う事態になったときに、10年後に自社がこうあるべきビジョンを掲げているなら、短期的には売上に目がくらんでしまいそうになっても、ビジョンから外れることをしないような判断の指標になるのです。

しかし、ビジョンがないとそのことにすら気づかず、お金が厳しいときに目の前のお金に飛びついてしまいかねません。これでは社員は混乱しますし、不平不満の種になってしまいます。

社員は、意外と社長の動向を見ているものです。

社長の言っていることとやっていることが違うと「綺麗事を言っているけど実際は……」と不安や不信につながりかねません。

社長の中にはマネジメント能力がない、戦略的思考がない、などいろいろと言われることもあると思います。

しかしそれは、社長の意思が社員に伝わっていないだけ、うまく伝えられていないだけです。社長は船で言えば船長ですから、船長が「ここに向かう」という目的地と航路を明確にする必要があります。

明確に提示することで社員たちはこの会社と自分たちがどこに向かっているかを知ることができ、不安を解消できたり、やるべきことが見える（自分のやるべきことの意味を見出せる）ようになるのです。

経営計画書とビジョンの関係とは？

「長期経営計画は会社のビジョンを達成するための長期的で大まかな計画」とお伝えしましたが、そもそも会社としての「ビジョン」を持っておくことも重要です。

ビジョンは「企業理念」や「社是」、「クレド」などとも呼ばれたりしますが、平たく言えば「その企業が最終的に目指していく将来像やゴール」のことです。

現在、ビジョン経営は注目されており、書籍も多数出版されています。

会社経営とビジョンの関係はかなり注目されていて、ビジョンを社員に共有することで業績が上がったり、業績が落ちない基礎力のある経営ができるようになります。本書はビジョン経営の本ではないので割愛しますが、詳しく知りたい方は関連書籍を読んでみましょう。

ただ、少しだけ企業にビジョンがあることのメリットもお伝えします。

まず、ビジョンは社員の自走に役立ちます。会社経営やビジネスは判断の連続ですが、その判断のよりどころになるのが「うちの会社のビジョンに沿っているか」という指標です。

全社員が共通したビジョンを共有していると、もしも意見の対立が起きたときに全員で確認して「どちらに進むべきか」を話すことができます。

次に、採用と離職に大きく貢献してくれます。

最近の若手人材（新卒も含む）の企業選びのポイントとして、待遇や安定性はもちろんですが、企業理念のようなビジョンを持っていることがポイントになっています。ビジョンは会社の個性が現れやすいので、就職活動をしている人にとって「自分に合う会社かどうか」を見極めやすいのです。

これは企業側にとってもメリットがあり、あなたの会社のビジョンに共鳴してくれた人材が入ってきた方が、モチベーション高く勤めてもらいやすいのです。

続いて離職への貢献に関してですが、これは短期的・長期的に分けられます。

短期的なもので言えば、先述の通り離職防止につながります。会社のビジョンに共鳴して入社した人材はあなたの会社が「自分に合う」と思って入社しているわけですし、既存社員にとっても会社の進むべき道が明確になるので「働く意味」を見出すことができます。これは即効性を持って作用するので短期的です。

長期的なものは離職推進です。例えば、ナマズのような淡水魚は海水の中に入れると生きていけません。逆もまた然りです。

ビジョンが存在することによって「その考え方には合わない人」があぶり出されて、そのような人材の離職推進に作用します。人が辞めてしまうことは一時的には厳しいかもしれませんし、私自身としても離職推進を勧めるわけではありませんが、会社経営を長期的に考えるならば、そのような効果もあると言えます。

●ＢｅとＤｏはセットにしないと機能しない

ビジョンは会社や社員の「あり方＝Ｂｅ」であり、行動方針はビジョンから生み出される「行動＝Ｄｏ」です。ですから、この2つはセットになっていないと機能しません。

ビジョンがあったとして、あるいはビジョンを作ったとして、それによってどんなＤｏを生み出せるかは全社で考える機会を設ける必要があります。

例えば、1週間に1回くらいの会議で「自分たちの部門（担当領域）ではそのビジョンが何を示しているか」といったテーマを10～15分程度のミーティングで話す機会を設けるような方法です。

商品開発部と営業部と経理部で共有しているビジョンは同じです。しかしＤｏは部署によって異なります。ですから個々の部門に話し合いをして考える必要があるのです。

これを継続することでビジョンが全社的に根づいていきます。

経営計画書は国のツールを活用して作る

では、実際に経営計画書を作る話になりますが、どうやって計画を立てるかというと、国が推奨している「ローカルベンチマークシート」を活用することでスムーズに作成が可能です。

ローカルベンチマークシート（通称：ロカベン、ロカベンシート）は経済産業省が推奨している個別企業の経営状態を把握するためのツールで、企業経営の現状や課題を相互に理解することで、個別企業の経営改善や地域活性化を目的としています。

シートは「6つの指標」（財務面）、「商流・業務フロー」、「4つの視点」（非財務面）の3枚組になっています。

まず、URLからホームページへ飛びましょう。

【ローカルベンチマーク】

https://www.meti.go.jp/policy/economy/keiei_innovation/sangyokinyu/locaben/

そして、ページ左側にある「ロカベンシート」のタブをクリックします。

すると、シートをダウンロードできるページに飛びますので、クリックしてシートをダウンロードしましょう。Excel形式になっており、編集が可能です。

ダウンロードができたらシートを展開して（開いて）ください。

シート下部にタブが並んでいますが、ここでは左から4つの「財務分析シート」「【入力】財務分析」「【入力】商流・業務フロー」「【入力】4つの視点」について解説します。

まず左側2つの「財務分析シート」と「【入力】財務分析」は対になっています。入力用シートの右側下部に「算出指標」（計算式）があり、過去の決算の状況を打ち込むことで、自動的に「財務分析シート」に反映されます。

同業他社と比較して反映される仕組みになっているので、入力するだけで同業他社に比べ

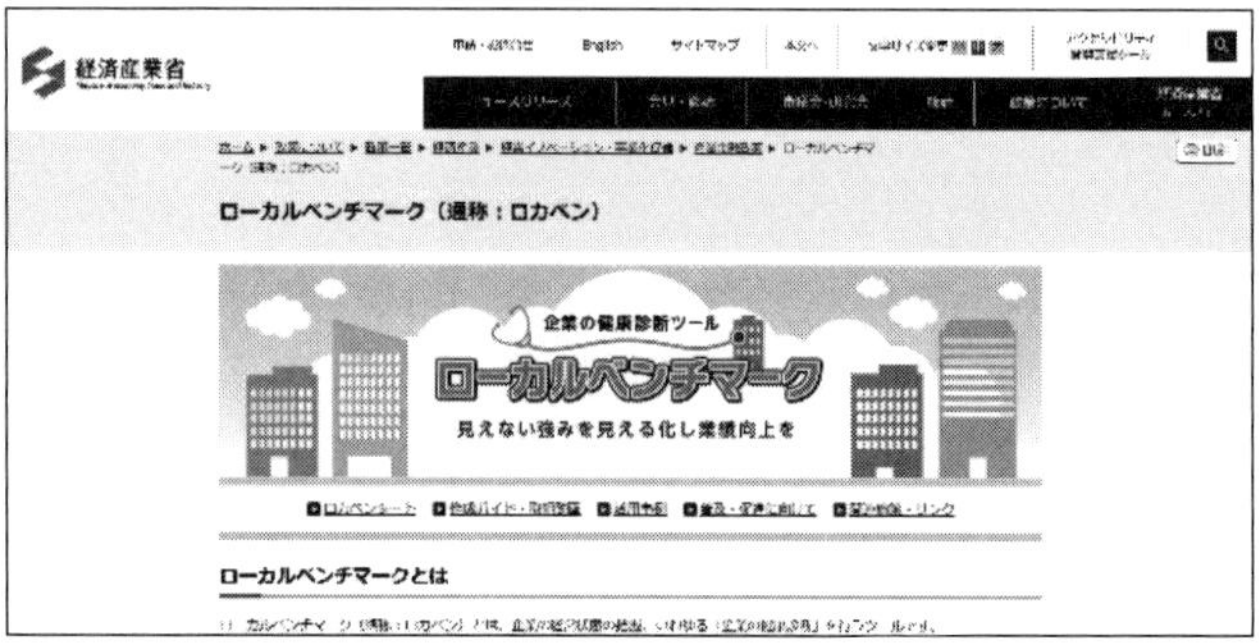

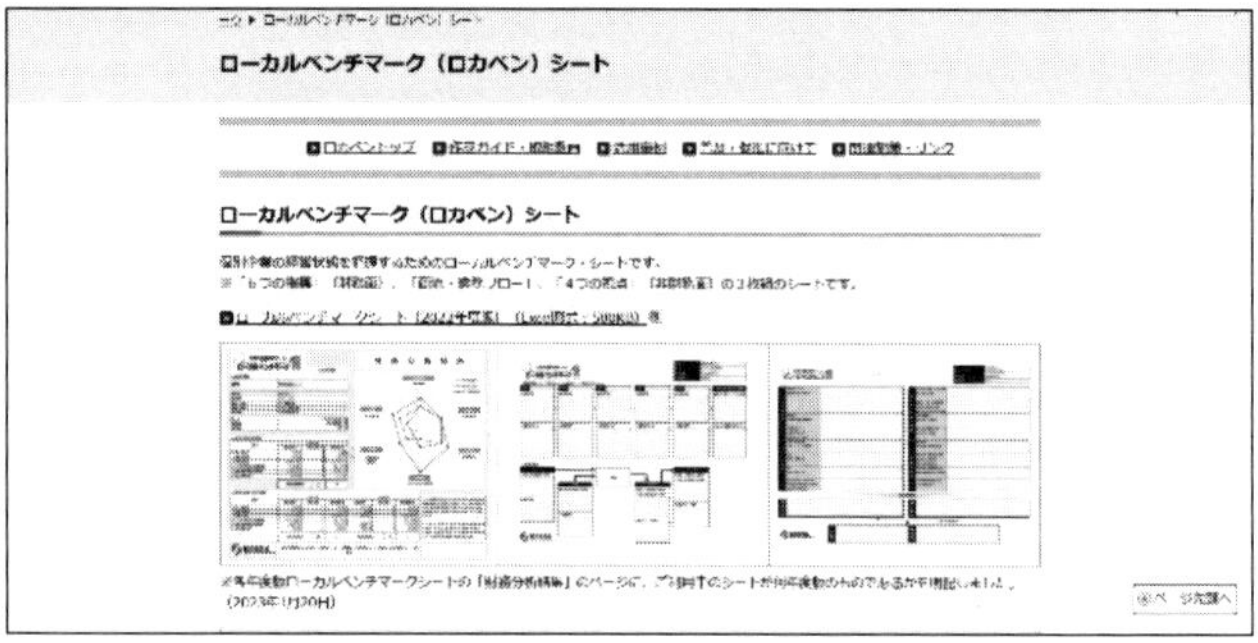

て自社がどういう状況なのかがわかります。

また、入力画面では、入力すべきセルが「黄色」になっていますので、どこに何を入力すべきかがわかると思います。

次に、ロカベンシートで最も大事な「【入力】商流・業務フロー」「【入力】４つの視点」についてです。

まず「【入力】商流・業務フロー」は自社がどのような業務フローで仕事を行っているかを明文

企業の健康診断ツール
ローカルベンチマーク
2022年度版
財　務　分　析　結　果
■基本情報
商号
株式会社○○
5,130,250(千円)
15,000(千円)
30(人)
■財務指標(最新期)
①売上増加率
②営業利益率
③労働生産性
④EBITDA有利子負債倍率
⑤営業運転資本回転期間
⑥自己資本比率
総合評価点
23
B
■財務指標（過去2期）
総合評価点
14
C
15
C
経済産業省
※総合評価点のランクはA：24点以上、B：18点以上24点未満、C：12点以上18点未満、D：12点未満
財務分析シート ver3
【入力】財務分析
【入力】商流・業務フロー
【入力】4つの視点
【参照】業種
【参照】

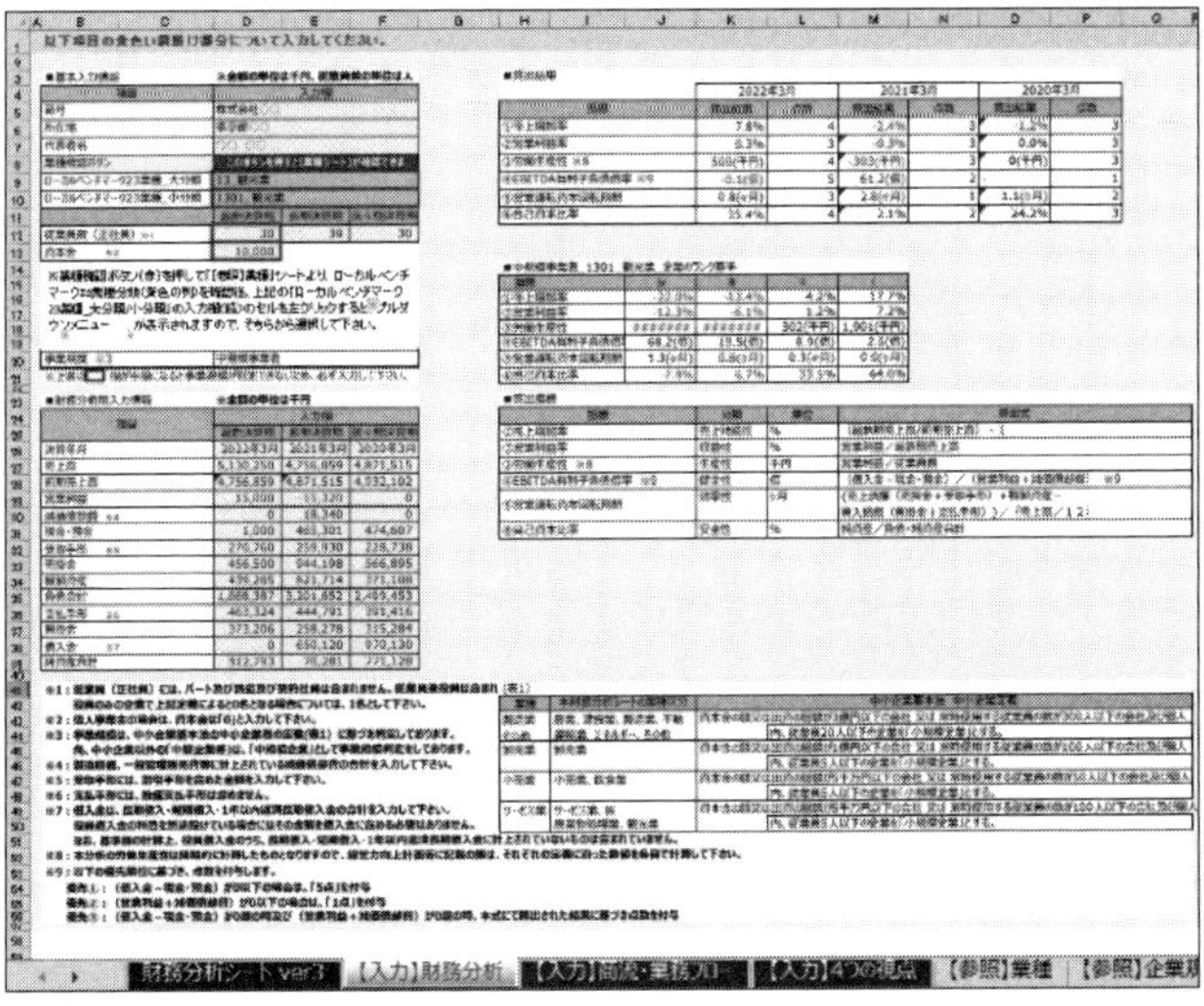

財務分析シート ver3
【入力】財務分析
【入力】商流・業務フロー
【入力】4つの視点
【参照】業種
【参照】企業規

化するためのシートです。

それぞれの「業務」カテゴリの中で、実際に行われている「実施内容」がどのようなもので、かつ他社との「差別化ポイント」が何かを記入していきます。

これらの記入に関して「具体的に何を書けばいいのか」については黄色いセルの右上の赤い▼マークにカーソルを合わせてみましょう。すると【ヒント】として記入すべき概要が表示されます。


同シート下部には「商流把握」の欄があります。

「当社」を中央に見て右側は得意先やエンドユーザーのいわゆる「売上」となる項目です。左側は仕入れ先や協力先の「費用」の項目になります。

これも【ヒント】を参考にして記入してください。


次に「【入力】4つの視点」ですが、これは経営分析を行うためのシートです。
①経営者、②事業、③企業を取り巻く環境・関係者、④内部管理体制の4つの枠の中に3～4つの小項目が設定されています。

企業の健康診断ツール
ローカルベンチマーク
株式会社○○
5,130,250(千円)
15,000(千円)
30(人)
■実施内容
■差別化ポイント
＜商流把握＞
仕入先
■社名・取引金額・内容等
■選定理由
協力先
当社
得意先
■選ばれている理由
エンドユーザー
経済産業省
財務分析シート ver.3
【入力】財務分析
【入力】商流・業務フロー
【入力】4つの視点
【参照】業種

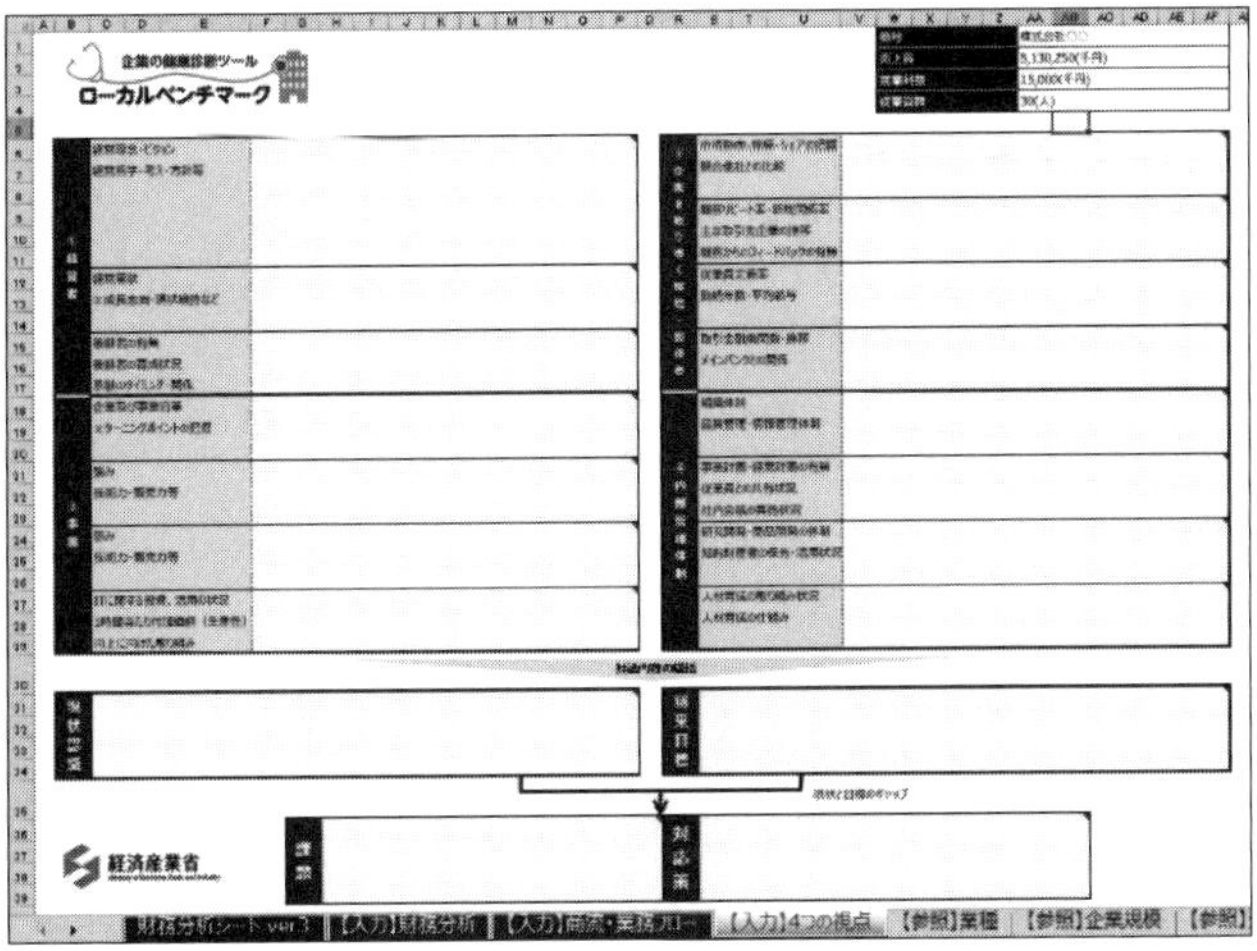
企業の健康診断ツール
ローカルベンチマーク
経済産業省
財務分析シート ver.3
【入力】財務分析
【入力】商流・業務フロー
【入力】4つの視点
【参照】業種
【参照】企業規模

①〜④のカテゴリについては、社長ひとりで頭を絞って記入するのではなく、できればヒアリングをしてもらって打ち込んでもらうようにしましょう。

ロカベンシートで記入する内容は社長の頭の中や会社の内部をあぶり出し、文字や数字の形で整理することです。

そして、同ページ下部へ行くとヒアリングした内容を総括した上での「現状認識」「将来目標」、そこから導き出される「課題」と「対応策」を記入します。

こうすることで、社長と会社の内部を整理することができるのです。

経営デザインシートで会社の未来をデザインする

ロカベンシートを使って分析を行いましたが、ここまではまだブラックボックス化されていたものを文字化・数値化した段階に過ぎません。

これらの情報をもとに「今後、会社をどのようにしていくか」をデザインする必要があります。その際に使えるのが「経営デザインシート」です。これも国が推奨しているツールです。

経営デザインシートは知的財産戦略本部が準備してくれているシートです。

企業などが、将来に向けて持続的に成長するために、将来の経営の基幹となる価値創造メカニズム（資源を組み合わせて企業理念に適合する価値を創造する一連の仕組み）をデザインして、在りたい姿に移行することを目的としています。

こちらもＵＲＬからホームページへ飛びましょう。

【経営デザインシート】

https://www.kantei.go.jp/jp/singi/titeki2/keiei_design/index.html

目次の「1．経営デザインシートの雛型、テキスト、説明資料、動画」をクリックすると、自動的にその位置までスライドしてくれます。

実際は「全社シート（複数事業会社等向け）」をダウンロードしてもらうのですが、ここでは説明資料の2行目の初期デザイン版の4ページを使って解説します。

経営デザインシートはロカベンシートの延長線上にあるものです。

上の「自社の目的・特徴」を「経営方針」に移行させるために細かく何をすべきなのかを深掘りしていきます。

画像中部左側の「資源↓ビジネスモデル↓価値」はロカベンシートで分析したものからもう少し深掘りして分析をします。各項目には例文が書かれていますので、それを参考にして記入してください。

画像中部右側の「価値→ビジネスモデル→資源」は、左側に記入した内容との違いを意識して「この先、どうなりたいか」を記入します。

これら会社の「過去」と「未来」がわかることで、画像下部の『「これから」の姿への移行のための戦略』が見えてきます。

ここまで落とし込めて、初めてこの先の数値での経営計画に落とし込めます。

数値化した経営計画を作る

では、経営計画に落とし込んでいきますが、そのために使えるツールをご紹介します。

「早期経営改善計画策定支援」に用意されています。「ポストコロナ持続的発展計画」（Ｅｘｃｅｌ）です。https://www.bks.co.jp/item/978-4-8283-1058-9

とても良くまとめられています。

また、私自身は、これとは別に分析ソフトも活用しております。


大事なのは分析を行うことです。

デザインシートをイメージしながらどう売上を上げるか、その計画案を1ヶ月単位で作成していくのが大切です。


クラウド会計システムの導入で実績データも早く出て、毎月の売上や利益、報酬などをすべてデータ化することができるため、今までより早く検証ができ、会社のPDCAサイクルを早く回せるようになります。

さらに、利益の計画を見ながら「お金＝現預金」の計画も一緒に考えることも可能です。

下の欄に「⑬月末資金有高」とありますが、これが現預金であり、将来的な計画でマイナスにならないよう、数字を見ていってください。

もしもマイナスになりそうな予測が立つのであればそれだけ早く資金繰りを金融機関に打診しなければいけません。

●各種シートを社員と共有して協力してもらう

ロカベンシート、経営デザインシート、ポストコロナ持続的発展計画の3種類のツールを解説してきましたが、大事なのはツールを使うことではなく、これによって経営分析を行い、経営計画を立て、目的達成のために何が足りないのか、何を補うべきかを検討することです。

そして、立てた計画が理に叶っているか、ストーリーとして成り立っているかを考えましょう。荒唐無稽ではなく、きちんと実現性のあるものになっているかを判断してください。

さらに、これは社長や経営幹部だけで持っておくのではなく、全社員に協力してもらうために共有することも忘れてはいけません。

社員を巻き込んで協力してもらうためには、クラウド会計システムでわかった「会社のお金の流れ」を見せて説明をした後に、ロカベンシートや経営デザインシートを社員に見せます。

そして「こういうことをしたいから協力して」と伝えましょう。

売上や利益に関して伝える場合は具体的な数字を見せます。もちろん、報酬などの見せたくない部分は隠しても構いません。重要なのは、社員に協力を仰ぎ、将来的に伸びるように力を合わせて進んでいく思いを浸透させることだからです。

経営計画は社長ひとりで作る必要はない

ここまでお伝えしてきた経営計画書づくりですが、ざっと読んだだけでは実感がわかないと思いますので、ぜひ実際にツールをダウンロードして着手してみてください。実際に触れることでどのくらい簡単か／難しいかを実感できます。

ただ、中には「こんなの1人じゃ無理だ」と思った方もいるでしょう。

そんなときは、やはり国の力を頼るようにしてください。経営計画書は決して社長ひとりで作る必要はないのです。

国の力として機能するのが、中小企業庁が主導している「早期経営改善計画策定支援」です。

小難しい話ですが、要するに「売上の減少や借入の増大に直面する中小企業を国が支援するので、資金繰りの安定や本源的な収益力の改善のための取り組みをしてください」という指標が出ているわけです。

詳しくは次のホームページをご覧ください。

【早期経営改善計画策定支援】
https://www.chusho.meti.go.jp/keiei/saisei/04.html

この支援では「①ビジネスモデル俯瞰図」「②経営課題の内容と解決に向けた基本指針」「③アクションプラン」「④損益計画」「⑤資金繰表（実績・計画）」の項目が存在します。

このうち①と②にはロカベンシートの利用が推奨されています。③には経営デザインシートを活用することで実施が可能です。

つまり、本章でお伝えしてきたものを活用して国が支援をしてくれるわけです。

しかも、これには補助金が付きます。「計画策定支援費用」「伴走支援費用（期中）」「伴走支援費用（決算期）」の3つのカテゴリでそれぞれ3分の2までが助成され、助成額の上限はトータル25万円です。

出費としては15万円程度に抑えられるはずです。

さらに「伴走支援」とあるように、専門家が伴走してくれます。

経営計画書を作成する手伝いをしてくれます。つまり、社長ひとりで頭を悩ませながら経営計画を作る必要はありません。

伴走支援も助成金が出るので、人手もお金も国が助けてくれるのだと考えてもらって構いません。

実は、この制度は中小企業でもあまり知られていません。

２０２３年11月に金融庁（経済産業省）から金融機関に対して「このような制度を使って中小企業を伴走支援しなさい」というお達しが入りました。

恐らく、あなたがこれを読んでいる頃には、取引のある金融機関から話が来ているかもしれません。そうなったら金融機関の力を借りるのでもいいですし、私のような専門家を頼るのでも構いません。クラウド会計や経営計画のための各種シートを使ってあなたの会社のＰＤＣＡサイクルを回していくことを検討してみてください。

データドリブン・マインドを醸成する3つの方法

さて、本章では作成した経営計画書を全社で共有し、社員に協力を仰ぐことをお伝えしました。これを言い換えるなら、データドリブン経営に切り替え「データドリブン・マインド」を社内に醸成していくことになります。

マインドを変えなければ社内にその文化は根づきません。社長だけが旗を振っても周りがついてこなければ意味がないのです。だからこそ、マインドを変えて一緒にやっていくことを社長は考える必要があります。

データドリブン・マインドを醸成するためには、まず数字を可視化することが必要です。可視化されていないと取り組む気持ちすら起こらないからです。数字にする方法はすでにお伝えしました。

ですから、最低限クラウド会計で財務データを見やすくしていることが最低条件です。その上で3つの方法論でデータドリブン・マインドを醸成していきましょう。

1．普段の業務でも数字データを使うようにする

1つめは、普段の業務に数字を入れることを意識させることです。

クラウド会計によって数字の資料が明示化されるわけですから、発言内容もまた数字を

使った発言に切り替えるように指導していくのです。

例えば、社員の「訪問回数を増やします」「高単価商品を提案します」という発言には数字が入っていません。「増やします」「減らします」「高い」「低い」ではなく、「単価7000円以上のものは利益率が高いので、○人以上の規模の会社○社に提案します」とするだけでもかなり数字が増えて具体化されるのです。

そのためには、トレーニングが必要です。最初は会議や報告会でも意識的に数字で話をすることを行わなければいけないでしょう。

さらに社長自身が率先して数字を使うようにしましょう。幹部会議などで社長が数字を使って話をするようになることで、幹部以下もその意識になり、波及効果が期待できます。

クラウド会計で数字データのインプットができたら、次はそれをアウトプット＝発言していくのです。

2. 人事評価の評価基準にもデータを使う

2つめは、評価基準にデータを使うことです。

企業によっては社員の評価基準に数字を活用していないところも存在します。例えば、営業成績で数字を基準にしなかったり、数字がボーナス査定に関わらない会社が今も存在しているのです。

例えば、私の知っている会社の中には、営業職に数字での評価がないところがあります。この会社では営業が製品を売っても売らなくても評価が変わらないのです。通常であれば1000万円売った営業マンと100万円しか売れなかった営業マンでは評価が変わります。しかし、この会社では例えるなら「毎日9時に来てみんなと一緒に働いていたらB評価」というような基準なのです。

当然、ポテンシャルも評価できませんし、営業マンたちは仕事をしなくなってしまいます。

あなたの会社がそれに該当するかはわかりません。しかし、評価基準に数字が組み込まれていないと、データを意識するようにはなりません。

人事評価に目標数字を設定し、達成か未達成かを数字で確認できるようにして定量的に社員がちゃんとがんばっているかどうかを判断できるようにしましょう。そうすることでデータに対する意識が上がっていきます。

3．数字の使い方を横展開して全社に共有する

3つめは、数字の使い方についてです。

社員の中には数字を使うのが上手い人もいれば、下手な人もいます。これを「そういうものだ」として評価するのではなく、使い方が上手い人がいればその人をきちんと評価して、どういう使い方をしたかを横展開で全社に共有するようにしましょう。

トヨタでは、成功例だけでなく失敗例もみんなで共有し、ミスの再発防止に努めているそうです。そこまでするかどうかの判断はおまかせしますが、失敗例の共有はハードルが高いので、まずは成功例だけでも良いでしょう。

上手くいっている人のやり方を学ぶことで、下手な人でもできるようになり、結果として全体がレベルアップします。

横展開の方法は社内新聞や社内報のようなツールを使ったり、会議のときに使用法を発表してもらうなど場を設けてみましょう。

この方法論も、あなたの会社に併せてアレンジしてみてください。

大事なのはデータドリブン・マインドが全社で醸成されることなので、そのための方法論が他にあるなら、それを活用してもらっても構いません。

クラウド会計を活用して会社を変えた成功事例3例

本書の最後に、私が非常勤経理部長®（財務コンサルタント）として関わらせてもらい、クラウド会計システムやデータドリブン経営で経営を変えた3つの企業をご紹介します。業種、地域、年商、課題ともにまちまちですが、それでも個々に合った形でデータドリブン経営が機能してくれていますので参考にしてみてください。

【事例1：データ分析により営業活動に集中できて売上が伸びた！】

1つめの事例は、関東圏にある産業廃棄物処理業者です。

この会社の悩みはタイムリーな決算数値を掴めなかったことと、経理業務を軽減したいというものでした。

こちらの会社は、奥様が経理をされていらっしゃいます。とても優秀な奥様で経理業務の質も非常に高い状況でした。ただ1つだけ、クラウド会計システムを活用すればもっと奥様の負担が軽減できるはず、というイメージでした。また、奥様が領収書や請求書をまとめて、税理士に月次決算を依頼している状態だったため、決算書が上がってくるのは2ヶ月程度後で、決算書ではタイムリーな会社の数字を掴むことは厳しい状況でした。

さらに、経理業務の一部である請求書の入力を社長自らが行っていました。つまり、本来は売上アップに動くべき社長の時間を経理業務に奪われていたのです。社長自身も得意ではないことに力を割いていたため、本来の仕事への意欲もそがれているようでした。

そこで私が関わらせていただき、まずクラウド会計システムの導入をサポートしました。これによって経理業務が大幅に改善されました。

さらに、これまで2ヶ月程度かかっていた決算数値が概算ではありますが約2週間程度で見れるようになりました。これだけでも社長は経営に集中できるようになり、心の疲れも緩和されたようでした。

加えて、早期経営改善計画策定支援も実施、ロカベンシートを使って社長の頭の中を整理させていただきました。会社の強み、その強みを活かすべき道筋も見えて、これから何をすべきか〝なんとなく〟わかっていたものが腹落ちするレベルに落とし込むことができました。社長としては「もっと売上を伸ばせる」と考えていたのです。当時の売上は数億円でした。これを、数字が明確になることで売上を伸ばしたいという意欲が増して、前向きな姿勢で経営計画を作っていくことができたのです。

経理業務の効率化によって社長の心に余裕ができたこと、売上を伸ばしたいという明確な目標ができたこと、社長が本来の仕事に集中できるようになったこと、奥様の負担が軽減できたことによって、こちらの企業では大幅な売上アップを実現しました。

事務処理の不安から解放され、営業活動に集中することで社長自身は「これからもどんどん行きますよ」と前向きな発言をしてくださっています。

作業量を超えた会社の変革ができた事例だと私は考えています。

一番うれしかったのは、社長から「経理業務が効率化された、不安が軽減されことにより、本気で営業に注力することができました。」とおっしゃって頂き、奥様からは、「ずっと社長の右腕でいてください。」とおっしゃって頂けたことです。本当に、感謝で涙がでてきました。

【事例2：資金計画書と損益計画書で資金繰りのピンチを乗り越えられた！】

2つめの事例は、中国地方にある建設業者です。

この会社の悩みは資金繰りでした。積極的な設備投資や人材投資を行っていましたが、業態的に波のある業態のため急激な業績悪化で資金繰りに困ることが予測できたのです。数字的には3億円の売上が1億5千万円にまで落ちることになっていました。

しかも、資金的な余裕はありませんでした。この企業では売上が立たなくても必要な費用が1億2000万円あり、売上が落ちた瞬間に資金が足りなくなることがわかっていたのです。

ただ幸いだったのは、私が関わらせていただいた段階ではコロナ融資による借り入れがあり、今この瞬間は大丈夫だったことです。

しかし、業績の悪化で1年後には売上が1億5千万円まで落ちることが予測できていたので、今この瞬間に何か対策をしておきたいという状況でした。

ここでは、逆算して計画を考えました。

1年後に売上が下がるのは避けられませんでしたので、その際に会社が資金ショートしないようにするのが戦略でした。

社長の意思としては「手持ち資金が1億円はほしい」とのことでしたので、そのために金融機関と交渉して5000万円の資金繰りを計画する必要がありました。

そこで、社長の頭の中にあったざっくりとした計画を、損益計画書を作って数字に落とし込み、さらに将来の資金計画書も作成しました。

どの時点でどれくらいのお金が足りなくなるかを試算して可視化したのです。

同時にこちらの会社の借入先は日本政策金融公庫と地方銀行一行の計2ケ所であったため将来性も考えてもう一件この地域に根づいた金融機関（地方銀行や信用金庫など）との新規取引もおすすめしました。

そして、その2種類の書類を持って金融機関（現在取引のある地方銀行と新規の地方銀行）に相談しました。結果、こちらが希望した以上の融資をしてもらうことができ、1年後の売上ダウンでの資金ショートを回避することができそうです。一番うれしかったのは、提出した2社の金融機関の方から、「ここまでの計画書を作られてこられる会社はほとんどいません。どのように作られたのですか？特に資金繰り予定表は作られていないことがほとんどなので、実際は、金融機関にて時間を割いて作ることも多いのです。」とおっしゃって頂けたことでした。

計画書の甲斐があってかはわかりませんが、新規の金融機関から、想定以上のご提案（新規融資&新規当座貸越&経営者保証なし）を頂けたとのことでした。

「売上があっても現預金がなくなれば会社は潰れる」という状況を体現していた事例であり、事前の資金繰り計画が非常に大切である、ということが身に染みた事例でした。

【事例3：内部管理が最適化されたことで売上維持でも利益アップ！】

3の事例は、関西圏にある人事系コンサルティング業者です。

この会社の悩みは経理責任者が体調不良のため突然退職してしまったことでした。小さな会社では、お金の管理をしている経理責任者に全て任せているため経営者が経理状況をあまり把握していないこともよくあります。

この会社の場合も同様で、全て任せていた経理責任者が辞めてしまうことでブラックボックス化された経理業務が誰にもわからず、何もできなくなってしまう恐れがあったのです。

そこでクラウド会計システムを導入しようと考えられたようで、そのタイミングで私が関わらせていただきました。

結果から言うと、この企業の場合はクラウド会計を導入したことで経理のブラックボックスの内容が明るみになり、お悩みは解決しました。

しかし、重要なのはそこではありません。

クラウド会計によって数字が可視化されたことで、社長以下、すべての従業員が少しずつ経理業務の役割を果たせるように成長したのです。数字がわかるようになったことで対金融機関へのコミュニケーションも改善されました。

世間のニュースを見ていると、何年かに1回は社内で大規模な横領があったニュースが流れます。私のように経理業務に慣れている人間からすると、経理マンが1人で経理を担当しているような場合、横領はさほど難しくありません。書類も作成できますし、説明もできるので簡単にごまかしたり騙したりできてしまうからです。

この事例の企業の経理責任者がそのようなことをしていたわけではありません。しかし、小さな会社で経理マンだけに任せきることは企業としては非常にリスキーなのです。1つは経理マンが会社のお金を自由にできること、もう1つは権力を持ちすぎて偉そうになってしまうこともです。

話を戻すと、この企業ではクラウド会計を導入したことで従業員全員が数字に関して意識をするようになりました。

売掛金の回収漏れがあることもわかり、請求書の発行も不備があったことがわかりました。本来得られるお金を得られていないことが明確になり、内部管理が最適化されたのです。

売掛金を回収できただけでなく、新たに経理責任者を雇う必要もなくなったため、経理責任者に払っていた人件費が丸々利益として残ることにもなりました。経理責任者には新入社員2人分くらいの給料を払っていたので、決して少なくない利益アップと言えます。

さらに、ブラックボックス化が解消されたことで社長にとってもストレスが軽減される副次効果もありました。

いかがでしょうか？　三者三様でそれぞれ違うお悩みでしたが、クラウド会計システムの導入や財務コンサルタントの活用で社内を改善し、売上アップや利益アップを実現しています。

これらの例は一例にすぎませんが、実際に私が関わらせていただいている範囲だけでも似たような事例は多数あります。

クラウド会計システムの導入、そこからのデータドリブン経営へのシフトチェンジ、経営計画書の作成によって、そのすべてを実践しなくても何かしらの良い変化が会社には現れます。

大切なのは旧態依然としたやり方を捨て、時代に合った新しい方法論を模索することです。それによって、あなたの会社はもっと伸ばせるのです。

おわりに　データドリブン経営で中小企業が輝く

最後までお読みくださり、ありがとうございました。

本書は、一般的な営業力強化や新商品開発といった内容のビジネス書とは違う観点で経営改善を行い、売上アップや利益アップを実現する方法論をお伝えしてきました。

私自身、新卒から現在まで経理・会計・財務の世界にずっと身を置き続けていたので、本で語るのであれば専門外のことよりも専門分野で会社を変えられる方法をお伝えすべきだと考えたためです。

ただ、ここまでお伝えしてきたのはあくまでも知識や考え方、方法論に過ぎません。結局、会社を変えるのは本書を読んでくださった個々の社長であり、社長の旗のもとに集まった役員や従業員たちです。

私のような外部のコンサルタントがどんな正論を言ったり見栄えのいい綺麗な資料を提示したところで、あなたの中で本当に腹落ちしていなければ行動に移していただけないと考えています。

腹落ちさせる方法は「気づくこと」です。これしかありません。

本文内でもお伝えしましたが、人間は何かと比較することで気づきを得ます。

経営で言えば、立てた計画と出た実績を比較します。去年と今年を比較することで気づきを得られます。

ただし、そのためにはまず実績を作らなければいけません。企業におけるその方法は「決算書」です。しかし、現在はその決算書が2ヶ月後であり、古新聞化してしまっているのが問題なわけです。

だからこそ最初の部分から変えていきましょう、というのが私の提案です。

クラウド会計システムを導入することで無理なくスムーズにデータ抽出が可能になります。しかも、税理士に頼らなくても経理マンがそれを出せるようになります。

会計業務の効率化だけでなく、経理マンの負担軽減、全従業員の数字への意識変化といった副次効果もあります。そして、これによってまず「実績部分」はクリアできます。

実績がクリアできたら、そのデータを分析して計画を立てます。計画する方法もデータドリブン経営をおすすめしますが、全社一丸となって取り組むためには、やはり国の制度や補助金による支援を活用していただきたいと思います。その方が負担も少ないからです。

データドリブン経営によって分析を行い、自社の想いと強みを明らかにして、数値化された計画を作る。そして、それに基づいて行動する。するとあなたの会社のＰＤＣＡサイクルが円滑に回り、会社が成長します。

加えて、経営計画とともに社長自身にもビジョンを明文化してもらいたいと私は考えています。私がこれまで関わってきた中小企業ではビジョンが明文化されているところはあまり多くありません。

では持っていないのかというと、そうではないのです。むしろ、持っているのに言葉にしていないだけです。会社を興したわけですから志はあるのに明文化していないのでは、浸透しないこともあって本当にもったいないです。

ですから、まずは社長の想いを明文化しましょう。
そして、全社で共有して従業員たちに納得してもらいましょう。同時にあなたに伴走する意思を今までよりも強く示す人も出てくるでしょう。しかし、中には納得できない人も出てきます。ビジョンや会社のカラーがはっきりすることで会社は強くなるのです。

しかも、それを社長ひとりでする必要はありません。社内で手伝ってくれる人や、私のような非常勤経理部長Ⓡ（財務コンサルタント）を頼ってください。

データドリブン経営は、今この瞬間から、あなたの意思ひとつで始められます。どんぶり経営を抜け出し、アフターコロナ時代を生き残り、次の世代の日本を支える中小企業として、輝いてください。

非常勤経理部長Ⓡ　坂口猛

【著者】

坂口猛

株式会社 CM パートナー代表取締役

税務署や税理士事務所での『企業の外部からの視点（実務検証視点）』と小規模企業の取締役や大手上場企業 Gr での『企業内部からの視点（実務対応視点）』を融合させながら、【非常勤での経理部長】という立場で、『クラウド会計活用』～『データ分析』～『将来計画（業績・資金繰り）』のご支援をさせて頂いております。

法人 or 個人を問わず、ビジネス or プライベートを問わず、お金を管理することは非常に大切です。
机上の空論ではなく、実務経験に裏付けされたお話しを、やさしくお伝えさせて頂くことを心がけております。

【資格等】
『非常勤経理部長（税務・経理実務経験 30 年以上）』
・CFP®（日本 FP 協会）
・キャッシュフローコーチ®（日本キャッシュフローコーチ協会）
・ＳＰ融資コンサルタント®　（融資コンサルタント協会）
・相続診断士　（相続診断協会）
・宅地建物取引士
・賃貸不動産経営管理士

小さな会社のデータドリブン経営 はじめの一歩

2024 年 5 月 20 日　初版第 1 刷発行

著　者　坂　口　猛
発行者　延　對　寺　哲
発行所　株式会社 ビジネス教育出版社

〒 102-0074　東京都千代田区九段南 4-7-13
TEL 03(3221)5361(代表)／FAX 03(3222)7878
E-mail ▶ info@bks.co.jp　URL ▶ https://www.bks.co.jp

印刷・製本／モリモト印刷株式会社
ブックカバーデザイン／飯田理湖　本文デザイン・DTP ／モリモト印刷株式会社
編集協力：廣田祥吾
落丁・乱丁はお取替えします。

ISBN978-4-8283-1058-9